TCG TANABE CONSULTING

チーム
コンサルティング
バリュー

クライアントを成功へ導く18のブランド

タナベコンサルティンググループ
代表取締役社長 若松孝彦＋戦略総合研究所
編著

ダイヤモンド社

プロローグ　すべてはクライアントの成功のために〈クライアントサクセス〉

㈱タナベコンサルティンググループ
代表取締役社長　若松孝彦

「経営は理論より実践であり、実践より成果である」。企業変革において、理論を理解し、実践し、成果を上げるのは「トップマネジメント」からでなければならない。そのトップマネジメント変革に向け、タナベコンサルティンググループ（ＴＣＧ）は『チームコンサルティング理論――企業変革と持続的成長のメソッド』を上梓し、ＴＣＧのチームコンサルティングのベースとなる経営理論を公開した。「理論」の続編となる本書は、クライアントの成功のために私たちがチームコンサルティングバリューを発揮してきた一八の臨床ケース、実践と成果についてまとめたものである。したがって、前著『チームコンサルティング理論』と合わせてお読みいただくと、さらに学びが深まるだろう。

ＴＣＧは、創業から六五年を超える日本の経営コンサルティングのパイオニアであり、約六五〇名のプロフェッショナルを擁する経営コンサルティングファームである。創業以来、自らを〝ビジネスドクター〟と呼び、この治療方法は正しいか、クライアントは成果を上げているかを問い続けることを肝に銘じ、経営コンサルティングの臨床を積み重ねてきた。チームコンサルティング理論を駆使し、トップマネジメントへのアプローチによって経営コンサルティングを実践し、その臨床経験の蓄積から得た知見をもとに、企業のとるべき戦略やマネジメントについて分類・分析を行い、数多くのメソッドを開発している。

私自身も、ＴＣＧのトップとしてその使命を果たしながら、二〇一六年には東証一部（現プライム）上場を社員の皆さんとともに実現し、経営コンサルタントとして支援してきた企業は規模・業種を問わず一〇〇〇社を超える。そうした経験から、今では企業のトップに現場で三〇分ほどインタビューをすれば、その会社の問題点と戦略の方向性を外さずに導き出せる特殊能力を持つに至っている。

古代ギリシャの医師で「医学の父」と呼ばれるヒポクラテスは、医師というプロフェッショナルが最も恥ずべき行為は「知りながら害をなす行為」だといった。医師（＝経営コンサルタント）は自らの能力と判断において、患者（＝クライアント）の利益になる治療法（＝課題解決策）を提示すべきであり、臨床を経ない治療をしてはならないという〝プロフェッショナル倫理〟を説いている。ＴＣＧは約六五年の歴史のなかで、一万七〇〇〇社を超える経営コンサルティング臨床実績を蓄積しており、本書ではこれらのプロフェッショナルによる改革事例の一部について紹介している。具体的には、現代のトップマネジメントが理解し、実践し、成果を上げるべき経営テーマ、ビジョン、ビジネスモデル、ＤＸ、企業価値、コーポレートファイナンス、人的資本、Ｍ＆Ａ、ブランディングなどを取り上げている。

第1章は私が執筆し、「トップマネジメント変革」について論じている。第2章では企業が未来のあるべき姿に近づくための戦略として「ビジネスモデル」について、第3章ではいまや経営にとって欠かすことができない「ＤＸモデル」について述べている。そして、第4章では戦略を実行する組織に対するアプローチとして「コーポレートモデル」を、第5章では人材に対するアプローチとして「ＨＲモデル」を、最後の第6章では収益力強化のための「ファイナンシャルモデル」を提示した。可能な限りチームコンサルティング理論の具体的手法を公開し、実際の経営コンサルティングを紙上で体感できるように構成した。

本書の全体監修を私自身が手掛け、全体企画を私と副社長の長尾吉邦、専務の南川典大と同じく専務の藁田勝、全体編集については私と常務の奥村格、戦略総合研究所のプロフェッショナルスタッフである吉永亮と河原風花が担当した。もちろん、多くのトップコンサルタントが執筆にあたってくれた。村上幸一、福元章士、槇本康範、高島健二、庄田順一、松岡彩、武政大貴、丹尾渉、中須悟、平井克幸、盛田恵介、細江一樹、近藤正晴、浜岡裕明、文岩繁紀、小谷将主、内田佑、小林英智、藤原将彦、久保多聞、藤島安衣などの多くの経営コンサルタントの皆さんである。加えて、グループカンパニーであるタナベコンサルティング、リーディング・ソリューション、グローウィン・パートナーズ、ジェイスリー、カーツメディアワークスの皆さん、TCGのビジョンを支えてくれているコーポレート戦略本部の皆さん、そして何よりも経営現場で共に改革に取り組んでいる多くのクライアントの皆さんに心からの感謝と敬意を表する次第である。

本書が、「新時代」の企業変革と持続的成長に全精力を傾注している社長、トップマネジメント、リーダーの方々の「サクセス（成功）」の一助になれば、この上ない喜びである。

二〇二三年五月

チームコンサルティングバリュー◎目次

C O N T E N T S

第3章 DXモデル…107

第4章 コーポレートモデル

CONTENTS

第5章 HRモデル…201

エピローグ

㈱タナベコンサルティンググループ
取締役副社長　長尾吉邦

第1章

トップマネジメント変革

—変化を経営するリーダーへ—

若松孝彦

トップマネジメントアプローチ／「決断」と「実行」への変革

「リーダーの決断次第で組織は滅びもするし、繁栄もする」。あるリーダーの決断が戦争を引き起こし、その戦争を終結させるのもトップの決断次第である。これは現実である。戦略とは、経営資源の再配分（事業ポートフォリオやバリューチェーンの変革）によって実現する。企業の組織は、戦略に従ってデザインされなければならない。しかし、その戦略を策定し実行するのは、組織から生まれたリーダーであり、リーダーシップにほかならない。

そして、戦略実行のコンセプトは、何を原点にして生まれるべきか。それは「経営理念」や「パーパス」である。経営理念は、自社の創業の精神を組織内部に発信して浸透させる不変的な価値であるのに対し、パーパスとは、外部（ステークホルダー）へ向けて社会や顧客に自社が貢献できる価値を宣言するものである。したがって、パーパスは時代の変化によって表現も変化する。言い換えれば、経営理念とは創業者の「志」であり、パーパスは現在のトップマネジメントの「志」となる。この二つは、必ず一本の線でつながっていなければならない。そうでなければ、事業ポートフォリオやバリューチェーンを変革するほどのインパクトのある戦略的リーダーシップが発揮されないからである。

経営理念やパーパスは、「信じた人が救われる」ものではなく、それを実行して成功を体験した人しか信じない、「救われた人が信じる」というきわめて現実的な位置づけのものである。したがって〝キャッチフレーズごっこ〟になってはいけない。これらの運用はある意味で「ナレッジマネジメント（社員や部署が持つ知識とノウハウを全社で共有し、改善・成長につなげる経営手法）」ともいえるものだ。

「決定」と「決断」は違う。決定とは情報がそろっているなかで決める行為である。「ランチのメニューを決める」ことを決断とはいわない。情報がそろっているメニューから決めることができるからだ。それは〝決定〟である。他方、「決断」とは、情報量が少なく、先行きがわからないなかで決める行為である。固定観念や常識、過去のしがらみを「断ち」、現実や未来と向き合い、経営理念や志（パーパス）を胸に「決める」行為――それが「決断」。日本語はよくできている。だから、経営者、リーダーの究極の仕事は「決断」なのである。「社長は孤独だ」といわれる理由がここにある。いろいろな情報を集めても「決断するときは一人」「組織において最終の人」だから孤独なのである。したがって、社長が孤独だと思わない人は「決断という仕事」をしていない可能性が高い。

トップマネジメントにとって経営理念やパーパスは、経営資源の再配分を決断するコンセプトであり、それを決断する源泉、起点であり、経営行動の共通の規範となって、実行する個人やチーム、組織が業績を生み出していくのである。それが自社の「ダイナミック・ケイパビリ

図表1-1 TCGの考えるダイナミック・ケイパビリティ

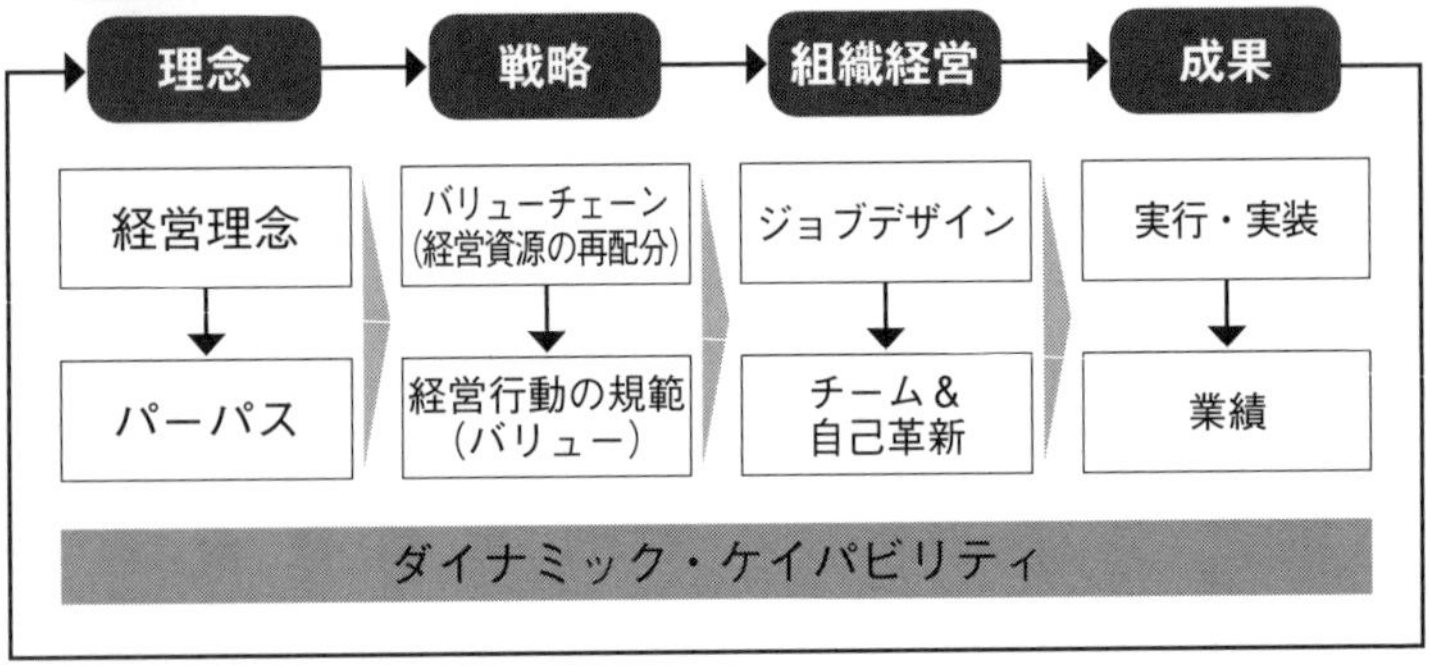

ティ（激しく変化する環境や状況に応じて企業が自己変革する能力）」となる。「組織は戦略に従い、戦略は理念に従い、理念は組織で経営されて成果となる」には、ダイナミック・ケイパビリティの発揮が不可欠なのである（**図表1－1**）。

私はTCGのトップとしての使命を果たしながら、これまでに一〇〇〇社以上に及ぶ経営コンサルティングの経験から、創業して一〇〇年以上続いている会社（一〇〇年経営）は「変化を経営する会社」だと結論づけている。ゆえにトップマネジメントは、持続的成長を実現するため「変化を経営するリーダー」でなければならず、「変化を経営するリーダーシップ」を発揮できるトップマネジメントチームを創造する必要がある。そのためにも、トップ自らが変化を恐れず、変化を起こしていく主役であることが、持続的に成長する組織の条件となる。変化が伴わない、成り行きまかせの〝成長〟は「膨張」である。

トップマネジメント変革への六つのアプローチ

「優秀なリーダーほど、戦況を正しく把握しようとする」。前著『チームコンサルティング理論』で、企業変革における「知《ち》・選《せん》・行《こう》」のリーダーシップサイクルを紹介した。自社の現状を「知る（現状認識）」、仮説を設定して「選ぶ（価値判断基準）」、最後には重点を絞って「行動する（突破口）」という経営メソッドである。それを、トップマネジメントのレイヤー（階層）でいかに運用できるかがポイントとなる。

フェーズⅠの「知る（現状認識）」とは、自社の経営体質の現状を総点検して、事実を、素直な心であるがままに俯瞰《ふかん》し、問題の本質と戦略の方向性をつかむこと。すなわち、成長のための「決定的・本質的問題点」を明確にしておくことだ。具体的には、「成長過程と成長要因分析」「自社の環境分析」「核となるコアコンピタンス分析」「意思決定（リーダーシップ）構造分析」「事業構造分析」「組織構造分析」「財務・収益構造分析」「経営システム分析」という八つの分析から現状を認識する。

フェーズⅡの「選ぶ（価値判断基準）」は、正しい価値判断基準（原点）から貢献価値をつくる作業だ。自社の原点となる創業精神と経営理念の確認、ビジネスモデル（バリューチェーン）の強み、利益の源泉、人材育成、企業文化、日常業務の判断基準となるＫＰＩ（重要業績評価指標）などから自社の貢献価値を明らかにするとともに、中期ビジョンコンセプトの仮説を設定する。つまり、決断のプライオリティー（優先度）を決める仕事である。

フェーズⅢの「行動する（突破口）」は、自社のビジョンを実現する変革のブレークスルーと、そのロードマップを明確にしておくこと。具体的には、現状認識と価値判断基準から明らかになった対策の優先度をつける「全社統合のプライオリティー」「経営戦略上の決定的ポイント」「事業戦略への投資の決定的ポイント」「人・組織が成長する決定的ポイント」「業績＆KGI・KPIの決定的ポイント」「ビジョンコンセプト」に展開し、そして「ビジョン実現の突破口は何か（一言集約）」を突き止め、「定量ビジョン（数値計画）とロードマップ」をデザインする仕事である。あれこれと欲張ったところで、経営資源には限りがある。すべての改善策を実行することは困難だ。何が最も重要なのか「重点」を絞り、経営資源の配分を明確にして、徹底する組織体制をつくり上げる。経営とは〝知識〟ではなく、経営者の「志」であり、「組織行動」であり、その「成果」である。中長期ビジョンや方針を画餅に終わらせてはいけない。実装のデザインに変化の技術を駆使することである。

これら「知・選・行」のサイクルを最高の意思決定機関である取締役会において回し、的確な「決断」と「実行」ができるようにしておくべきなのである。そのためのポイントが、次の六点である。

1　「事業センス」と「経営センス」のガバナンス

右腕が大量に出血しているのを放置したまま、左腕を鍛え始める人はいないだろう。しかし、こと企業経営となると、そうしてしまう会社が意外と多い。例えば、主力事業が赤字なのに、その事実と正面から向き合わず、一発逆転を狙って新しい事業開発を決断したりする。また、トップが好きな事業や思い入れのある事業ばかりに投資したりする。特定領域の経験しか持っていない人がトップに立つと、途端に会社全体のバランスが崩れることもある。全社を客観的に俯瞰できていない、経営資源を掌握できていないからだ。要するに会社に対する正しい現状認識ができていないから、変革のアプローチを間違うのである。

起業するのは、家を新築するのに似ている。まっさらな土地に一から基礎をつくり、その上に柱を立てていく。したがって、屋根からつくる大工はいないだろう。しかし、リフォームやリノベーションは違う。どこからでも着手できる。屋根からでも可能である。そのぶん、図面をしっかり見て分析する目や能力を持たなければ、ぶち抜いた壁の後ろに大事な柱があり、途端に屋根が落ちてきたりする。起業や創業は新築、変革はリフォームであり、リノベーションなのである。図面を入手せずに改革作業に着手してはいけないのである。

私はトップマネジメントのガバナンスを「事業センス」と「経営センス」に分けて分析する。事業センスとは、市場（顧客ニーズ）と自社の強みとの接点、すなわち事業を開発したり成長させたりするセンス（感性）を指す。そして経営センスとは、人的資本、財務（ファイナンス）、管理全般などマネジメントに関するセンスを指す。トップマネジメントのキャラクターは大きくこの二つのタイプに分類できる（図表1-2）。

「事業経営」という言葉は、トップマネジメントのチームワークそのものである。しかし、厄介なことに、企業変革やトランスフォーメーション（ビジネスモデル変革）の多くが、事業センスを起点とするという現実がある。〝厄介〟だと表現したのは、事業センスはトップマネジメントのチームワークに取り込むことが難しいセンスだからである。

日本では「企業寿命三〇年説」がいわれてきた（この〝寿命〟とは創業から倒産の存続期間ではなく、実際には「成長のピーク期間」を示す）。これまでの経営コンサルティングの臨床経験からいえば、創業して三〇年後に一回目の事業変革（トランスフォーメーション）が必要となり、五〇年後で二回目、七〇年後で三回目のトランスフォーメーションが必要になる。このタイミングを理解できずに放置しておくと、会社は存続軌道から少しずつ外れ、気づいたときは手遅れになるケースが多い。人間の健康や病気と同じだ。だから、トップマネジメントには事業センスが不可欠なのである。

会社はいつの時代も、四つの道を選択しながら歩んでいる生き物だ。「存続」「売却」「廃業」「倒産」という道である。現在（二〇二三年）、日本で一〇〇年以上「存続」している会社は全体

図表1-2 「事業経営ガバナンス」に対する1T4M（構成要素）

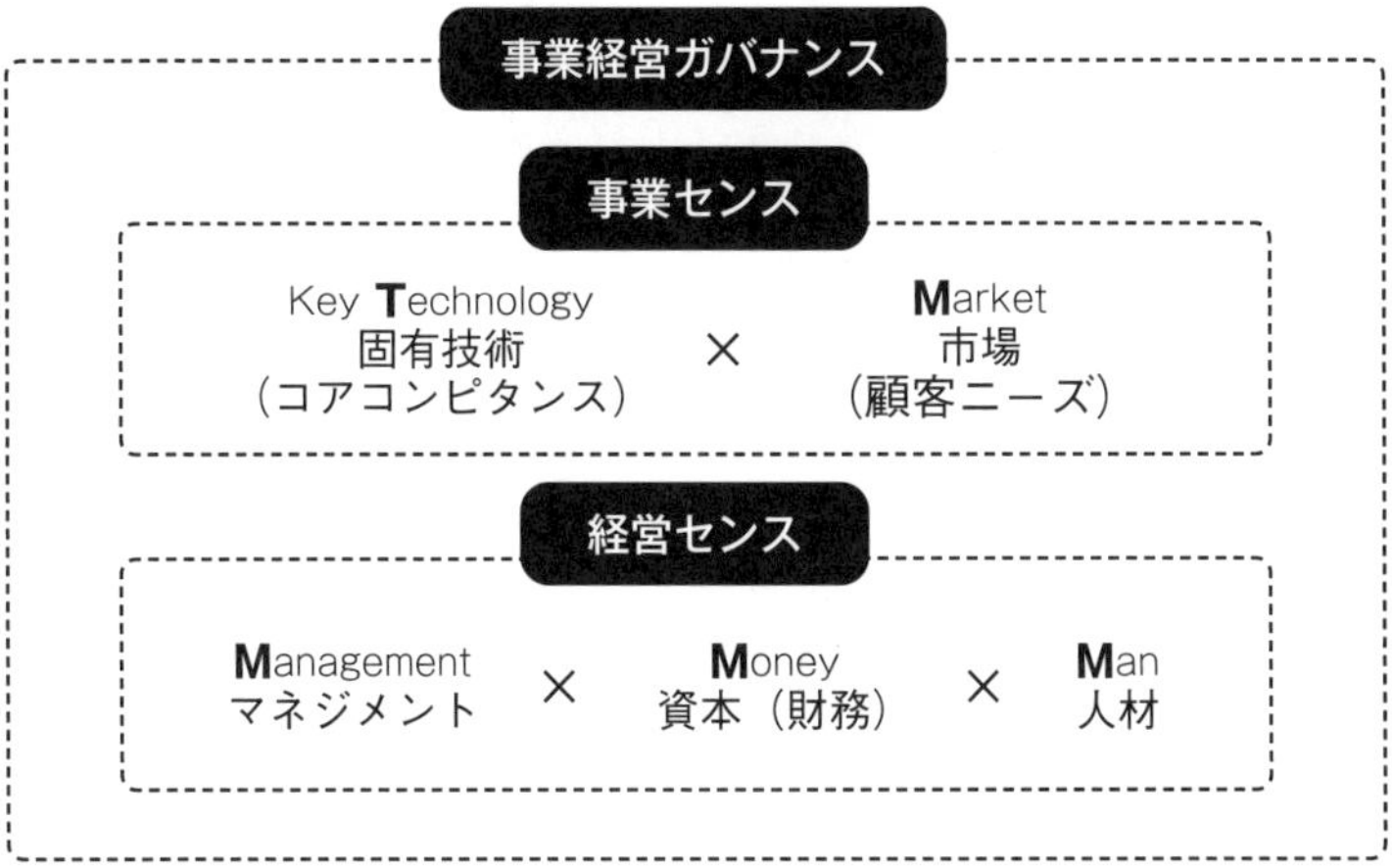

の一・二パーセント、二〇〇年以上存続している会社はわずか〇・一パーセントしかない（東京商工リサーチ）。会社は存続すればするほど他の道への選択を迫られる。「会社はつぶれるようにできている」のである。一見好調のように見える会社でも、実際は存続以外の道を歩んでいる可能性がある。

これは、事業センスの後天的な組織習得が難しいことに起因する。会社の成長過程で、事業センスのある人がトップマネジメントとして経営をしていたなら幸運である。何が儲かって、何が成長するのか、どの事業に集中すべきなのか。事業センスは、多数決では決断が発揮されにくいセンス、技術なのである。

高次元の事業センスと経営センスを一人で併せ持つ天才的リーダーは少ない。だからこそトップマネジメントはチームであり、チームワークが大事なのだ。トップマネジメントのチームワークは権限と人員構成のバランスが重要となる。注意すべき点は、組織は規模が大きくなると必ず官僚的になり、管理型の人材が選ばれやすいため、経営センス偏重の人員構成に陥りやすいことだ。管理者の延長線上に経営者がいないことは多い。経営センスはマネジメント、事業センスはリーダーシップである。トップマネジメントに経営センスは必要な要件である。ただし、事業センスが欠如したトップマネジメントのガバナンスにしてはならない。経営センスから生まれる事業センスを、トップマネジメントのガバナンスに意図して取り込む必要がある（図表1－2）。

2 過去肯定・現状改善・未来創造

「未来は明るくなければならない」。未来は予測するためにあるのではなく、未来は創るためにある。会社は、顧客と社員の明るい未来を創るために存在し、明るい社会を創るために経営をしているのだ。

内閣府の世論調査（「人口、経済社会等の日本の将来像に関する世論調査」二〇一四年）によると、日本人の七〇パーセントが将来に不安を抱えているという。私は「組織の危機感」を二つの側面からチェックする。一つ目は、直面する危機的状況に対して「どうしよう、どうしよう……」と単に右往左往する危機感、すなわち〝不安感〟である。二つ目は、「あるべき姿から見た現状とのギャップ」である〝不足感〟だ。「今のままではダメだ」「このままではあるべき姿に到達しない」と感じる意識である。正しい危機感は後者からしか生まれない。「正しい危機感とは『不足感』」と一言集約できる。そう考えると、日本人の七〇パーセントが抱えている将来への不安の原因も明確になる。つまり、日本という国家にビジョンがないからである。ビジョンを創造し、国民にそれを示すリーダーがいないから不安なのだ。

会社の組織がそうなってはならない。トップマネジメントの仕事の第一ボタンは「ビジョン」をつくることである。それをステークホルダーに知らせ、そのギャップから正しい危機感を醸成することだ。したがって、それが「現状改善」につながる。

業績不振や赤字なのに危機感がないトップマネジメントを、私は多く見てきた。逆に、業績が好調なのに、危機感を持って経営にあたるトップマネジメントとも仕事をしてきた。「あるべき姿から見れば常に不足感があるので、危機意識が持続している」と感心したものだ。現状に満足しないのである。志、夢、ビジョンを持っている人の共通点である。ビジョンとはそこへ到達する数値を明確にすることではない。あるべき姿の解像度をどこまで上げることができるか、なのである。解像度が上がれば上がるほど、現状改善のテーマがあきらかになる。

そして、正しいビジョンを策定するときのトップマネジメントにとって大切なことは、「過去を丸呑《の》み」する肯定感である。トップマネジメントは清濁併せ呑む心を持ち、過去を肯定しながら会社に対して明るい未来を描かなければならない。過去を否定してその逆だけをやろうとしたり、自分の好みのことだけをやろうとしたりする。もちろん、それが「知・選・行」のリーダーシップサイクルの結果であればよいのであるが、そうなっていない場合が多い。

したがって、変革のリーダーシップがとれず、全員が賛成する現状維持という選択をして、結局、淘汰の道を歩んでしまっている場合が多い。マネジメント偏重の官僚型トップマネジメントの最たるものである。過去を受け入れなければ今の自分もないし、リーダーシップサイクルもできない。できればその丸呑みが創業の原点であったり、創業のスピリッツであったりするとさらによい。トップマネジメントがそのような気持ちで一枚岩になれたなら、非常に強いリーダーシップを発揮することができるだろう。

過去を肯定できなければ、現状をありのまま、素直に受け入れることができなくなる。結果、現状認識を間違えてしまう。過去がどうであれ、あなたが今のトップなのである。過去を反省することはあるだろうし、反面教師とすることもいいだろう。しかし、今、あなたが社長室に座っているのは、その歴史の先にあることを理解するためなのである。過去、現在、未来は一本の線で結ばれてはいるが、時間軸で見れば「今」を生きているだけにすぎない。今という現在から会社の過去と未来をどう見るかは、リーダーであるあなた自身が決めることなのである。

したがって、リーダーにとっては、ビジョンを描かず、予測ばかりして不安になり、どうしようう、どうしようと社員に不安感を抱かせ、そうなった過去を否定し、今の現状を改善しないような評論家型のリーダーシップはやがて組織を滅ぼすことになる。注意が必要なのだ。

3　全天候シミュレーション

「未来を正確に予測することなど誰もできない」。人は明日の天気ですら一〇〇パーセント正確な予測はできないのである。あなたが今日食べる夕食のメニューですら、思い通りになるか疑わしいのが現実だ。半年後、一年後、さらには三年後に成果が出る戦略を決断するとなると、難しくなるのは当然だ。

プロイセン（現ドイツ）の軍略家で兵法の研究書『戦争論』の著者として知られるクラウゼヴィッツは、戦略立案に際して「実際には、きわめて多様で、細かい規定をあらかじめ明示することはできない。従って戦略は、戦場に出かけ、細かいことは現地で決め、全計画を不断に修正する必要がある」（加藤秀治郎編訳『「戦争論」クラウゼヴィッツ語録』日経ビジネス人文庫）と述べている。すなわち、三現（現品・現場・現実）主義に基づいた現状認識により、修正を加えていく必要性を指摘しているのだ。

したがって、戦略には「思考の幅」が求められる。戦略の実行計画を立てるうえでは、天気と同様に「晴れ」「曇り」「雨」という全天候三コースでシミュレーションをする必要がある。晴れコースは期待通りに戦略を実現できるシナリオ、曇りコースは軌道修正をしながら一定程度の成果を実現できるシナリオ、雨コースはうまくいかず撤退まで視野に入れたシナリオである。数値基準としては、晴れコースが「増収増益」、曇りコースが「減収増益」、雨コースが「減収減益」である。そして、すべてのコースには財務諸表を含む中期経営計画が絶対条件となる。バランスシート（貸借対照表）で戦略を表現し、シミュレーションできないと真の戦略はつくれない。戦略とは経営資源の再配分であり、それには投資と回収判断がつきまとう。いずれにしても大切なことは、どのような天気になっても準備だけはしておくこと。「最悪に備えよ」「備えあれば憂いなし」「Lay by something for a rainy day（雨の日のために何かを貯えておけ）」である。「全天候」とはそういう意味なのである。

全天候シミュレーションで戦略をつくるのには二つの理由がある。一つ目は、戦略には成果としての「数値」が必ず伴うということだ。会社や組織の戦略における成果はキャッシュフローに表れる。キャッシュフローやＲＯＡ（総資産利益率）、ＲＯＥ（自己資本利益率）の改善がなければ戦略とはいい難い。したがって、戦略には中期経営計画という数値計画との整合性が不可欠だ。そうでなければ戦略の成果も測定できない。数値が伴わない戦略は戦略のまねごと、いわば「戦略ごっこ」である。そして二つ目は、「悲観的に準備して楽観的に行動する」という経営の行動原則を実践できることだ。経営環境は晴ればかりではないし、また雨ばかりでもない。戦略が三コースあれば、「もしこうなったらどうなるか」という疑問に答えることができる。シミュレーション上で、打てる手をすべて考え、問題を可能な限りつぶしておくことで戦略の成功確率は上がる。

「経営は大局着眼、小局着手」。トップマネジメントには、「望遠鏡と顕微鏡」という両方の目線が必要だ。後者の顕微鏡は、足元や目の前の事実を整理・分析し、本質を導き出す「帰納的アプローチ」である。一方、前者の望遠鏡は、未来の〝ありたい姿〟に近づくため、「今（これから）どうあるべきか」を導く「演繹《えんえき》的アプローチ」のことを指す。

ややもすると、戦略を策定する過程では「目的」と「手段」が入れ替わってしまうことがある。「策士策に溺れる」に陥らないためにも、「そもそも何のための戦略なのか」という目的を見失ってはいけない。ぶれない戦略が必要なのである。

したがって、トップマネジメントには「目的の五乗」という思考法が必要だ。すなわち、何のために、何のために、何のために……と目的を五回以上繰り返し、戦略や変革の真の意味を問うことである。目的の五乗を突き詰めると、必ずといってよいほど「わが社の存在価値」や「未来の貢献価値（パーパス）」に突き当たる。すなわち、あなたの組織は何のために存在しているのか、何をもって社会に貢献するのか、などの問いに対する答えである。

貢献価値は「社会的役割」を果たすことにある。社会的役割は、世の中が求めているものと自らの持ち味との接点にある。自らの得意とする分野であっても、世の中が求めているものでなければ貢献価値はない。もし、わが社がなくなれば、世の中はどんな点で困るか。ここに企業の原点がある。この定義を説明すると、「経営はそんなきれいごとでは済まない」と反論する人もいる。だが、数多くの企業再生を手掛けた私自身の臨床経験からいえば、生き残る会社と死んでいく会社の違いは貢献価値にある。

消費者、得意先、仕入れ先、社員、さらには社会から必要とされる会社は残り、必要とされない会社や替えが利くような会社は消えていく。トップマネジメントは、組織の未来の貢献価値にまで戦略目的を問うことのできる人でなければならない。

そこで、〝ありたい姿〟から逆算していくバックキャスティング思考がカギを握る。しかし、日本のトップマネジメントはこれが不得手だ。なぜなら「悪いことを口にすればその通りになる」（言霊《ことだま》思想）、「悪いことを考えれば悪いことが起きる」と思い込む経営者が多いからだ。そのため戦略の計画フェーズにおいて、雨コースや曇りコースを初めから除外し、全天候シミュレーションを怠るケースが多い。

中国の戦国時代末の思想家、荀子はいう。「勝に急して敗を忘るるなかれ」。勝とうとするあまり、敗れることを忘れてはならない。敗れることも頭に入れておき、敗れないように万全のBプラン、Cプランを準備しておきたいものだ。

私は経営コンサルタントとして、過去三〇〇社以上の企業再生に携わり、その再生を実現してきた稀有な経験を持つが（『甦る経営』ダイヤモンド社）、その際、クライアントの社長に「一度、会社を倒産させてみましょう」といって、そのシミュレーションを提言してみることもあった。すなわち「雨コース」である。どうなるかがイメージできた社長は、雨にならない手を真剣に打つようになる。

もちろん、これらすべてのプランを組織や社員に発信する必要はない。経営企画部やＣＦＯ（最高財務責任者）、財務部とともにシミュレーションし、打つ手を整理しておくことである。これこそが、悲観的に準備して楽観的に行動できるトップマネジメントの仕事なのである。

4　変化を経営するリーダーシップ

「あなたの会社の事業セグメントは変化しているか」。変化を経営してきたリーダーシップの証しの一つがこれである。戦略とは経営資源の再配分である。事業ポートフォリオ、バリューチェーン、そしてビジネスモデルが変革すると必ず事業セグメントに表れる。先に述べたように、会社は一〇〇年経営の間に創業三〇年、五〇年、七〇年の節目に、少なくとも三回は事業のトランスフォーメーションのタイミングが来る。事業センスの欠如でそのタイミングを逃すと会社の生存率が低下する。

私は以前、「変化を経営するリーダー」である三人の経営者とご一緒する機会があり、大いに学びを得た。一人目は、大和ハウス工業の最高顧問・樋口武男氏（当時会長兼CEO）である。樋口氏からは、事業セグメントの変革について話を伺った。二〇〇〇年代初め頃の同社の事業セグメントは住宅、ホームセンター、ホテル経営であった。だが、その後の一〇年で物流、不動産、介護、ロボットなどが新たに加わった。祖業の住宅はあるのだが、一〇年で大きく変化したのだ。これは同社の創業者・石橋信夫氏の志である「世の中の多くの人の役に立ち、喜んでもらう」事業、すなわち「明日不可欠の」事業をやろうと誓って取り組んだ結果だという。

〝明日不可欠の〟とは、「ア（安全・安心）、ス（スピード・ストック）、フ（福祉）、カ（環境）、ケ（健康）、ツ（通信）、ノ（農業）」のドメインを示している。当時、樋口氏は二兆円を超える会社を経営しているにもかかわらず、多くの時間を割いて創業者の話をされた。私はそのとき、「樋口会長は変化の名人ですね」と申し上げたことを覚えている。

二人目は、学研ホールディングスの代表取締役社長・宮原博昭氏である。学研は学習教材会社から、ライフステージビジネスへと大転換を果たした。その結果、連結売上高が七七八億円（二〇〇八年度）から、一五六〇億円（二〇二一年度）にまで伸長し、事業の再構築に成功した。M&Aで加わった企業の売上高がグループ売上高の約四割に上る。

宮原氏が向き合ったのも「創業の原点」であった。まずは既存事業の立て直し、社内改革から始めたのである。その後、M&Aを活用し、既存事業から枝を伸ばして事業領域をつなげる成長戦略をとった。今、最も事業セグメントの構成比が高いのは「医療福祉事業」である（次いで「塾・教室事業」「出版コンテンツ事業」「園・学習事業」が続く）。この変革は、宮原氏が祖業の教材事業と向き合った結果であると分析できる。当時薄れかけていた創業者スピリッツを組織へ再定義して成功を収めた。

そして三人目は、カルビーの代表取締役社長兼CEO（当時）・伊藤秀二氏である。伊藤氏も、変化を経営するリーダーシップを発揮された経営者である。創業期に生み出した、同社の原点とも呼べる商品「かっぱえびせん」が超ロングセラーであることを語りながら、自らリーダーシップを発揮してヒット商品を重ね合わせ、同社の事業開発の文化を地に足のついたものへと昇華させた。グループ戦略の変革や、創業の地・広島への最新工場の投資を決断した生産戦略など、過去と正しく向き合い、現実を直視し、未来を創造することにまい進した経営者は強い。先に述べたように、ある意味で「創業者を丸呑み」する気迫すら感じさせた。彼らはまさに「変化を経営してきたリーダー」である。

ちなみに、私自身もTCGの創業者が掲げた志「企業を愛し、共に歩み、繁栄に奉仕する」ことを実現するため、トップ就任後に、東証一部（プライム）市場上場（二〇一六年九月二八日）、新中期ビジョンの策定（コンサルティング多角化戦略）、二本社組織体制への移行（大阪本社・

東京本社)、M&A(五社)によるグループ経営、ホールディングス経営への移行、五五年ぶりの社名変更(タナベコンサルティンググループ)、新しいセグメント&リージョン組織と人事制度の刷新、ERPシステムやCRMシステムの導入によるスマートDX戦略、ダイバーシティー&インクルージョン制度、アカデミー(企業内大学)&ジュニアボード、初のテレビCMなどのブランディング活動といった変化を、TCGトップマネジメントや社員の皆さんと実行してきた。そして、その変化と成長は今も続いている。

リーマン・ショック、東日本大震災、新型コロナウイルスパンデミックなど、短期間に多くの有事を経てきた「新時代」においては、経営センスの発揮も容易ではなくなった。「新しい経営技術」を駆使しなければ、トランスフォーメーションという事業戦略を経営面からサポートできない時代になってきた。それらを高度に融合させるのが〝事業経営〟なのだ。

「新しい経営技術」とは、M&A、DX(デジタルトランスフォーメーション)、人的資本、ダイバーシティー&インクルージョン、ブランディング&PR、組織変革とジョブデザイン、グローバル戦略、コーポレートガバナンス、SDGs(持続可能な開発目標)などがあり、これらを高次元で統合してビジョンを策定する必要がある。私たちTCGのコンサルティング領域や組織は、クライアントの経営者やトップマネジメントが決断すべき経営課題を「TCGチームコンサルティング・バリューチェーン」として展開、すべてはクライアントサクセスのためにデ

図表1-3　トップマネジメント変革の「新しい経営技術」

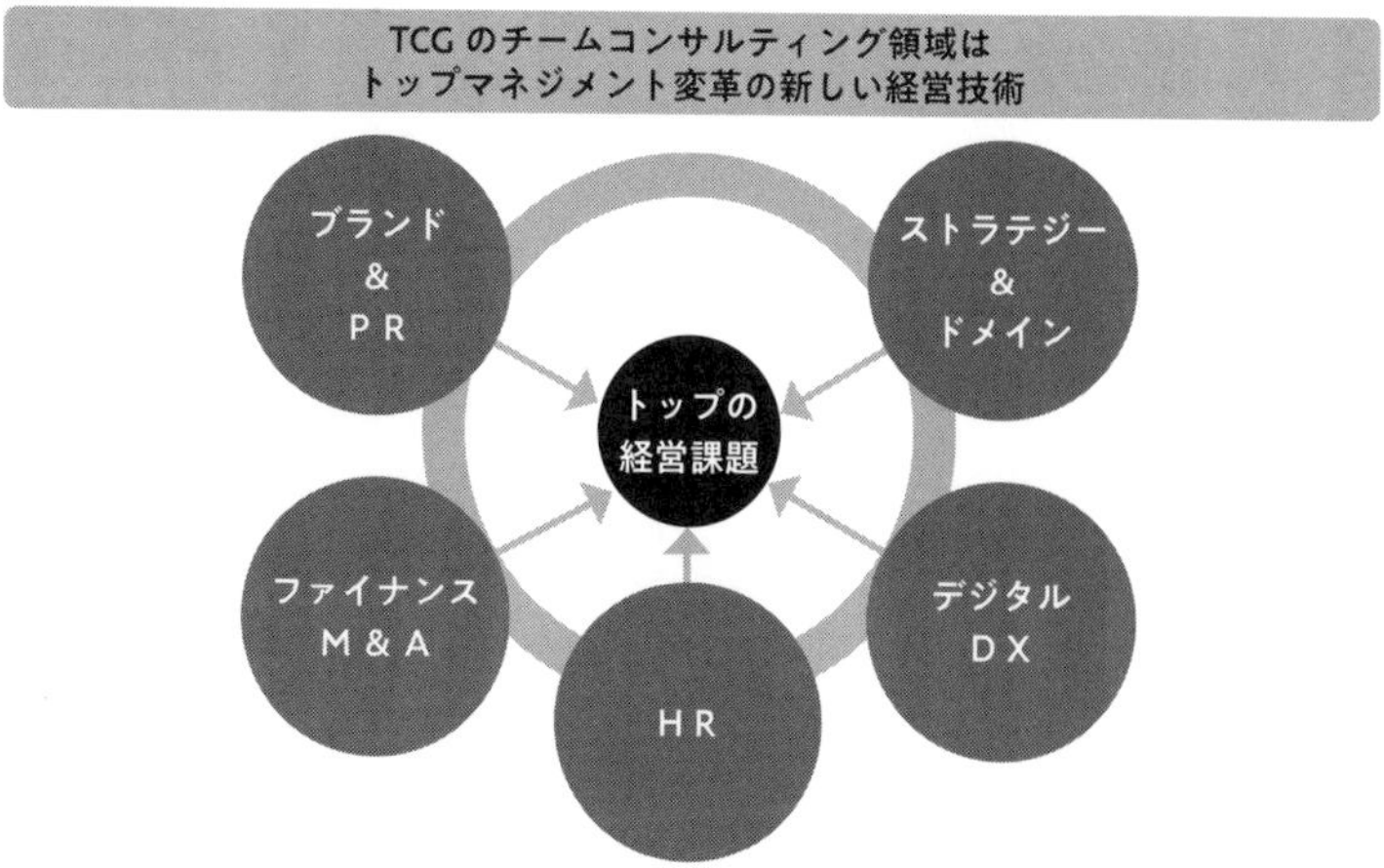

ザインしている（図表1－3）。「新しい経営技術」とも一致しているので紹介したい。

●ストラテジー&ドメイン事業……中長期ビジョン、新規事業スタートアップ、組織開発、SDGsなど

●デジタル・DX事業……ビジネスモデルDX、マーケティングDX、マネジメントDX、ヒューマンリソース（HR）DXなど

●HR事業……人的資本経営、戦略人事、サクセションプラン、ジョブ型人事、ダイバーシティー&インクルージョンなど

●ファイナンス・M&A事業……M&A、ホールディング&グループ経営、コーポレートガバナンス、事業承継、資本政策、コンプライアンスなど

●ブランド&PR事業……ブランディング、戦略P

R、海外PR、デジタルマーケティング、SNSマーケティングなど

これらはすべて、トップマネジメント変革である。経営センスにおいても、これらを有機的に統合するリーダーシップが求められている。新時代の経営センスとは、バリューチェーンの変革、つまり会社のエンジンを組み替える技術であり、パーパス、事業戦略、経営戦略、組織デザイン、収益構造、人的資本、オペレーションまで一貫性を持たせた変革へのダイナミック・ケイパビリティが求められる。逆にいえば、これらの経営技術を駆使できるトップマネジメントでなければ、事業経営をトランスフォーメーションできない。やはりトップマネジメント自らが変革しないと、会社は変わらないのである。

5　長所連結主義／トップマネジメントのチームワーク

戦略の起点は常に「強み」でなければならない。経営は、一人から始めなければ始まらない。しかし、一人だけでは何もできない。一人はみんなのために、みんなは一人のために（One for All, All for One）、それが経営である。マイクロソフト創業者のビル・ゲイツにはポール・アレンやスティーブ・バルマーがいた。ソニー創業者の井深大には盛田昭夫がいたし、本田技研工業創業者の本田宗一郎にも藤沢武夫がいた。そして、アップル創業者のスティーブ・ジョブズ

にもスティーブ・ウォズニアックがいたのだ。天才と称される経営者は必ずトップマネジメントに恵まれている。一人だけでやっているなどと考えている名経営者はいない。怖い人がいない人ほど怖い人はいない、のだ。

「長所連結主義」とは、戦略を推進するためには経営資源の長所を組み合わせ、結びつけていくという考え方だ。あなた自身のなかにも、トップマネジメントのなかにも、製品・サービスのなかにも、社員のなかにも「強み」は必ずあるはずである。トップマネジメントはその強みを再定義し、それを結びつけることでバリューチェーンを再構築するのである。サッカーの試合で例えれば、選手は最後までチームメンバーを信じてパスをつなぎゴールを目指す。仲間の短所ばかりを見ているとパスが出せない。メンバーが個人プレーでドリブルをしだすと、相手に囲まれてボールを奪われる。アディショナルタイムでの逆転劇などほど遠いチームになるのである。

「勝者は自らの強みを相手の弱みにぶつける。敗者は自らの弱みとライバルの強みにおびえる」。いくら優れた戦略やシナリオを描いても、実行段階で敗者意識が入り込むと勝利は期待できない。あなたの組織の長所に目を向け、それをつなぎ、相乗効果を発揮することに意識を集中することだ。ところが、現実の経営ではその逆になる組織が実に多い。なぜなら、優れた戦略やシナリオを策定できるリーダーの多くが、有能な人材すぎるからである。

優れたリーダーの目には、どうしても現有の経営資源は欠点だらけに見えてしまう。有能なリーダーほど、部下の欠点が目につきやすいということだ。「うちの組織には優秀な人材がいない」「仕事を任せられるナンバーツーがいない」「部下は私のいう通りに動いてくれない」などとグチをこぼし、短所を指摘する癖を持った人も多い。戦略は良いのに実行段階になって組織の弱点や短所に目を向け、戦略を失敗へと導いてしまうのである。戦略や経営は「何をやるのか」と同じぐらいに「誰がやるのか」が大事なのである。一九世紀の鉄鋼王アンドリュー・カーネギーの墓石には「自分より優秀な人を周りに集めた人、ここに眠る」との成功哲学が刻まれている。また「我以外皆我師（自分以外の人は皆、師であり、学ぶところがある）」は、歴史小説家・吉川英治の座右の銘だ。そしてアップル創業者のスティーブ・ジョブズが二〇〇五年六月にスタンフォード大学の卒業式で行ったスピーチの締めくくりの言葉「stay hungry, stay foolish（ハングリーであれ、愚か者であれ）」は有名だ。

トップマネジメントは、現有戦力で戦わなければならない。現実と向き合いながらバリューチェーンを再構築する過程で、真のオープンイノベーションやM&Aといった共創戦略が生まれてくる。繰り返すが、会社の長所に目を向け、見つけることである。自社のあるべき姿が明確であれば、長所連結主義によって組織や経営資源を集中動員できるリーダーシップが生まれ、戦略を成功へと導く。

6 サクセッションプラン／経営人材を育てる仕事を変革する

経営は事業で成功して五〇点、事業承継して一〇〇点なのである。それほど事業承継は難しい。中長期ビジョンは三年から五年ごとなので徐々に技術は高まるが、事業承継は通常、経営者にとって一生に一度しか経験しない経営行事である。したがって、事業承継は最大の事業戦略なのである。

「会社の寿命は『事業の寿命』で決まる」。会社が成長するのも衰退するのも、トップマネジメントの事業センスで決まることが多い。しかも私自身の臨床経験からいえば、事業の寿命はどんどんと短くなっている。もちろん、商品（製品・サービス）、ビジネスモデル、事業レイヤー（階層）によって異なるが、総じて短命傾向にある。したがって、新しい事業を生み出し、既存事業のトランスフォーメーション（変容）を継続できないと、ひいては会社の寿命が終焉を迎えることになる。

事業経営においては、「社長の寿命∧事業の寿命∧会社の寿命」という不等式を求め続ける必要がある。そのために必要なのが、「事業承継計画書（サクセッションプラン）」の策定である。まずは役員定年規定が必要となる。この規定なくして事業承継のスケジュールは組めない。そのうえで、より多くの経営者候補を育てるために投資をすることである。

キッコーマンの代表取締役会長ＣＥＯ・堀切功章氏とご一緒したときに、いわれたことが印象的だった。キッコーマンは創業三五〇年超の日本を代表するグローバルカンパニーだ。同社は単一ファミリーではなく、創業八家が合同で経営しており、不文律のようなものが存在する。例えば、「創業家の跡取りで入社できるのは基本的に一世代一人とする。創業家の出身でも社長や役員になるとは限らない」といったものである。堀切氏は次のように続けた。「その時々に応じて最も適格と思われる人物が経営を担うことになっており、創業家で持ち回るようなことはありません。実際、私の前任と前々任の社長は創業家以外の出身ですし、堀切家は創業家の一つですが、社長に就いたのは私が初めてです」。私はそのとき、「キッコーマンはサステナビリティ（持続的成長）の名人ですね」と申し上げた。

経営人材の育成でポイントになるのは、「管理者育成の延長に経営人材はいない」場合が多いということだ。TCGでは「ジュニアボード」という日本一の実績を持つチームコンサルティングメソッドがある。その名の通り、次代の取締役を育てる経営システムである。実は私たちTCGのコーポレートガバナンスコードでも経営者育成プログラム（システム）として公表している。したがって、私自身にも「ジュニアボードチーム」が組成されている。ジュニアボードは一年任期であり、イシューは一つ、「ビジョン」である。ビジョンを実現するために会社が取り組む課題を取締役会に直接提言する。そして、そのなかから実行すべきはジュニアボードメンバーを中心に挑戦してもらうプログラムになっている。それが新規事業であっても、既存事業の転換、組織再編であっても同様である。

ジュニアボードメンバーへの投資が必要だ。これは管理者教育プログラムとは違う。あくまでも、経営人材育成プログラムとして機能させる。人選は階層ではなく、役職、階層、部署、性別、年齢を問わずチームビルディングを行うことである（私は「組織を斜めに切る」といっている）。なぜなら、繰り返し指摘しているように、「事業センス」は年齢や階層に関係なく備わっている、または育てるべき能力であるからだ。会社を興す起業家に年齢は関係ないのと同じである。逆に、シニア起業家のほうが珍しいのがスタートアップの世界である。

もう一つは「グループ経営への参画」である。グループ企業の社外取締役として経営に参画する。会社の経営陣として、命がけで経営をしているグループ会社の経営行動を体験することができる。同様に、事業部など全社的視点で経営が見られるポジションを経験させることである。ある経営単位を任せることで、経営人材を実体験的に育成することができる。その意味では、ホールディング経営、グループ経営、カンパニー経営などは経営者人材の育成組織として機能するといえる。

私自身もＴＣＧでトップコンサルタントとして活躍したのち、ある赤字事業部門の責任者を任され、一年で黒字化、三年で全社一番の生産性事業部へと回復させた経験がある。その後、三〇歳代の最年少取締役に就任し、その後、常務、専務、副社長とすべての事業部やコーポレートの責任者を担当させてもらった。その過程で、全社の掌握やあるべきビジョン（姿）を思い描いてきた。クライアントの経営者や取締役会の皆さん、同僚、部下の皆さんに恵まれるなかで、経営者として多くのことを学んだことに気づくのである。

経営者人材の育成において必要とされる経験特性については、一九九〇年代後半に米国のリーダーシップ開発の研究者シンシア・マッコーレイらが、マネジャーの学習に資する経験を「発達的挑戦」と称して五つのカテゴリーに分類している。一つ目は「ジョブ・トランジッション（異動）」。特に、経営者は本業という本流ではなく傍流から生まれることが多い。そのため、有能な人材は保守的な本流のなかで育てるのではなく、積極的に外に出して勉強させるべきである。二つ目は「高度な責任」。例えば、子会社の経営を任せることなどで養われる。三つ目は「権限がないなかでの影響力」。責任は重いが権限がないというジレンマのなかでチームをつくることも有効である。四つ目は「障害」。最後の砦としてトラブルシューティングを経験させること。五つ目は「変化の創造」。不確実な環境下で変化を生み出す経験をさせることだが、完全に斜陽な業界ではなく、新しい何かをつくり出す余地がある分野で経験を積むのがよい。実は、変化を経営するリーダーとして紹介した経営者の皆さんも例外なく同様の経験をしている。

最後に紹介するサクセッションプログラムが「企業内大学（アカデミー）」の導入である。TCGが提供してきた企業内大学も全国で一六〇校を超え、日本一の実績を持つ。ポイントは、デジタルとリアルのハイブリッド学校であることと、講師をコンサルタントではなくクライアントの社員が担当することだ。自社の技術やノウハウを、講師として動画で収録公開することでタレントマネジメントの導入につながる。社員による委員会方式で運営され、自社の教育に参画するという人的資本経営そのものにもなる。その活動を通じて〝地上の星〟（理想人材）を見つけ、抜擢人事にもつながる。

従来の管理者を教育する体系は、サクセッションプランではない。経営者人材を育成するプログラムを、経営システムとして導入していることがポイントなのである。

人的資本経営／ジョブデザインでクリエイティブな組織へ転換せよ

「企業変革は社内組織との戦いでもある」。業績不振が続くある会社の再生コンサルティングで、私は幹部社員を集めてこう質問した。「このままの業績では〝会社がつぶれるかもしれない〟と危機感を持っておられる方は、挙手をお願いします」。すると約八割の幹部社員が手を挙げた。私はさらに質問を重ねた。「そのなかで、『自分が変わらなければならない』と思われている方は挙手をお願いします」。すると、手を挙げた幹部社員は約二割に減った。「会社は変わらなければならない」と認識しているのに、その中枢にいる自分は変わらなくていい、と解釈する。「総論賛成、各論反対」。これが組織の現実なのである。

図表1-4　「人的資源」から「人的資本」の時代へ

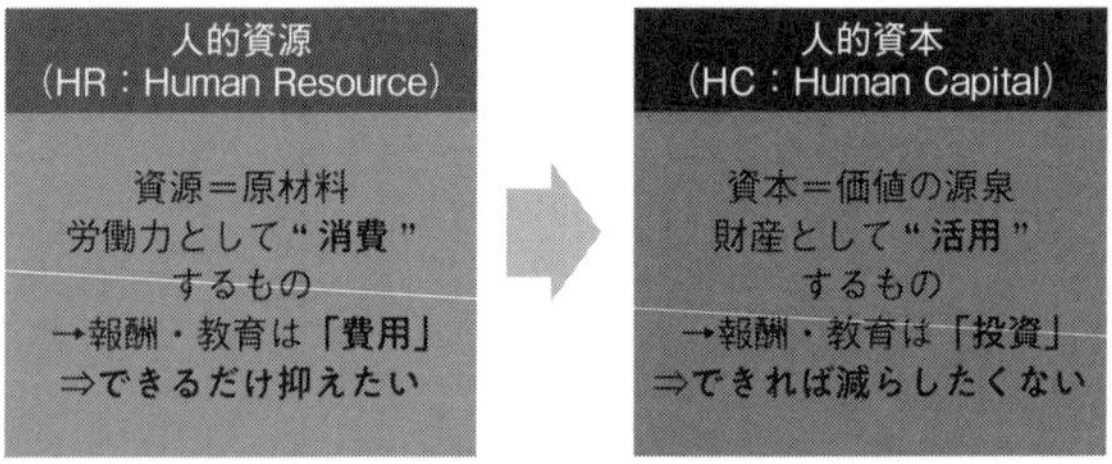
人的資源
(HR : Human Resource)
資源＝原材料
労働力として“消費”
するもの
→報酬・教育は「費用」
⇒できるだけ抑えたい
人的資本
(HC : Human Capital)
資本＝価値の源泉
財産として“活用”
するもの
→報酬・教育は「投資」
⇒できれば減らしたくない

業績にかかわらず、組織とは元来そういうものかもしれない。ビジネスドクターとしての経験からは「組織は変わりたくない生き物」といっても過言ではない。一方、企業は「環境適応業」といわれるが、環境に適応すべきは、現場の個々人以上に、変革を叫んでいるトップマネジメント自身であるケースは多い。

昨今、人的資源という言葉が「人的資本」へと置き換わりつつある。人的資本とは、人材が持つ能力を〝資源〟として消費するのではなく、投資によって生産性が高められる「資本」として捉える概念である（**図表１－４**）。これを初めて理論化したのが、米国の経済学者で一九九二年にノーベル経済学賞を受賞したゲーリー・ベッカーである。人間の個人能力は教育や訓練を通して高めることが可能であり、その教育投資はやがて経済的価値（収益）をもたらすというものだ。

先に述べたように、ビジョンなどに組み込むべきトップマネジメントテーマは、ＤＸ、グローバル、Ｍ＆Ａ、サステナブル、ブランディング、ダイバーシティー＆インクルージョンなどの「新しい経営技術」が多くなってきた。一方、トップマネジメントにおいては、新しい経営技術への対応が遅れている。組織のジョブ（仕事）が旧態依然のままであり、結果、組織デザインが変わっていないのだ。先に述べたバリューチェーンやダイナミック・ケイパビリティまでの変革が必要なのである。経営戦略やビジョンを経営企画的に展開できる組織、クリエイティブにデザインされた組織が求められている。これを私は「ジョブデザイン」と呼んでいる。「欧米のように産業（職務）別組合ではなく、企業別組合が発展してきた日本企業の場合は、ジョブ型人事より、組織のジョブデザインの方が先」なのである。日本企業の組織生産性は他国の企業と比べて極端に低い。この背景には、長引くデフレ経済でライバルと低価格競争を繰り広げてきたこともあるが、最も大きな要因は、生産性と対極にある古い職務体質や人事制度の運用を続け、人材の価値までデフレ化させたことにある。

例えば、「一般職」「事務職」「総合職」などプロフェッショナル価値が不明瞭な職掌と、成果や処遇が連動しない職務（ジョブ）を前提に組織をデザインしてきた。加えて、エンパワーメント（権限委譲）の低い組織体質を放置したままエンゲージメント施策を打ってきたため、生産性が逆に悪化している。働き方はよくなっても、やりがいは変わらないという本末転倒の症状に陥った。結果、人材のモチベーションが下がり、優秀な人材も定着せず、政府が賃金アップを企業に要請するまでに至ってしまったのだ。

トップマネジメントは、新しい経営技術を発揮できるようなジョブデザインを再定義し、導入して、新たなバリューチェーン（価値創造ストーリー）戦略の根幹をなす組織のクリエイティブ力を向上させる必要がある。そのために、必要なジョブ（職務）を再定義し、旧態依然とした「作業型組織」から「ジョブ型組織」へと変革する。それが「ジョブデザイン」である。

例えば、PR広報、デジタル、M&A、ダイバーシティー&インクルージョン、アカデミー（企業内大学）、人事企画、CRM（顧客関係管理）、カスタマーサクセス（顧客成功支援）、デジタルマーケティング、ブランディングや研究所（ラボ）などのジョブ（職務）があなたの会社の組織でデザインされているのかということだ。そのなかで人材育成、エンゲージメント、生産性などに関する「人的資本KPI（重要業績評価指標）」を設計することである。従来の単純な階層職務や機能単位でデザインされた組織では、新しい経営技術が発揮されないため、人事評価制度をいくら変えても組織生産性が上がらないし、優秀な人材も集まらない。

ジョブデザインでクリエイティブな組織をデザインすることだ。これもトップマネジメントの仕事である。実は「リスキリング」の概念（働き方の変化によって今後新たに発生する業務で役立つスキルや知識の習得を目的に勉強してもらう取り組みのこと）も同様で、リスキリングの方向性、リスキリング後の組織の受け皿がポイントなのである。ジョブデザイン→人事システム制度の変革→リスキリング→人材評価→採用が正しい手順となる。企業の組織や人材の競争力を高めるには、人的資本投資の対象となる優秀なプロフェッショナル人材が集まるジョブデザインに組織変革しなければならない。

非財務情報（見えない資産）へ投資する決断を

「見えない資産へ投資し、企業価値を高める」。日本のトップマネジメントは、目に見える資産への投資は大好きである。不動産、土地、工場、機械、物流倉庫などの有形資産だ。もちろん、それらの資産は企業の信用力や競争力の観点で、これからも重要な資産である。一方、「見えない資産」とは、企業が株主や取引銀行などの外部に対して開示する情報のうち、財務情報（貸借対照表、損益計算書など）以外の非財務情報や無形資産を意味する。具体的には、パーパス、ブランド、プロフェッショナル人材、バリューチェーン、ビジネスモデル、ナレッジ（ノウハウや知的財産）、ＳＤＧｓ、ＥＳＧ（エンバイロメント／環境、ソーシャル／社会、ガバナンス／企業統治）など、〝新しい経営技術〟に関する資産である。

こうした見えない無形資産への投資は、有形資産への投資と比べて企業競争力向上の効果が高いことがわかり、今、世界的に重視されるようになってきた。ただ、日本のトップマネジメントは目に見えない価値への投資が苦手である。日本企業の見えない資産に対する投資意欲は、欧米企業と比べてきわめて低いのが実情だ。企業価値に占める無形資産の割合を日米欧で比べ

図表1-5 各国の企業価値に占める無形資産と有形資産の割合（2015年）

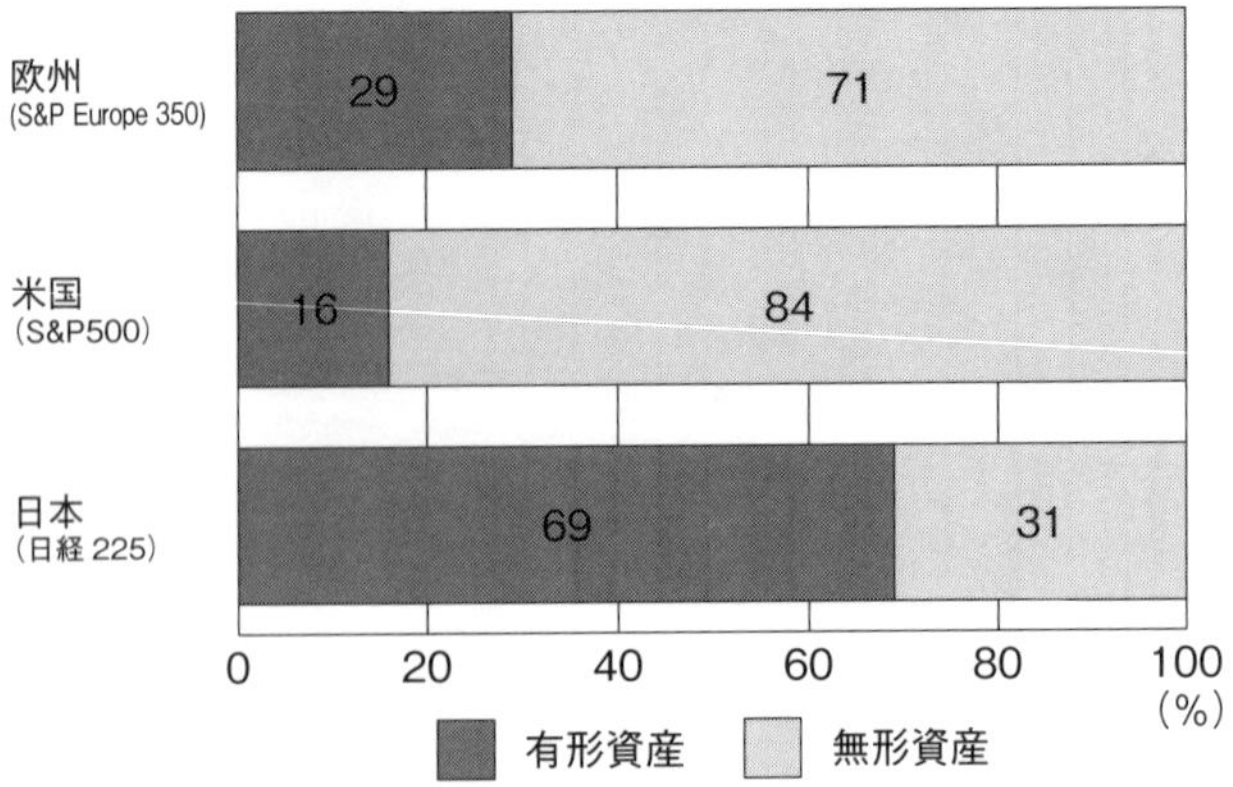

出所：経済産業省「令和４年版通商白書」をもとにタナベコンサルティング作成

ると、米国企業は八割、欧州企業は七割が無形資産であるのに対し、日本は三割と大きな差がある（図表1－5）。日本企業は、自社が有する無形資産を明確に定義し、成長拡大に向けて投資する必要がある。

それだけに、トップマネジメントの新しい経営技術として、無形資産への投資判断が重要なカギを握る。その最優先事項が「人的資本」への投資である。現在、人材資本の可視化に向けた動きが国内外で進んでいる。二〇一八年一二月にISO（国際標準化機構）が「人的資本に関する情報開示のガイドライン（ISO30414）」を発表し、指標が開示された。二〇二〇年には米国証券取引委員会（SEC）が上場企業に人的資本の情報開示を義務づけた。また日本でも人的資本の情報開示義務化（上場・大手企業）が検討されるなど、人材投資を中長期的な企

図表1-6 企業の人材投資

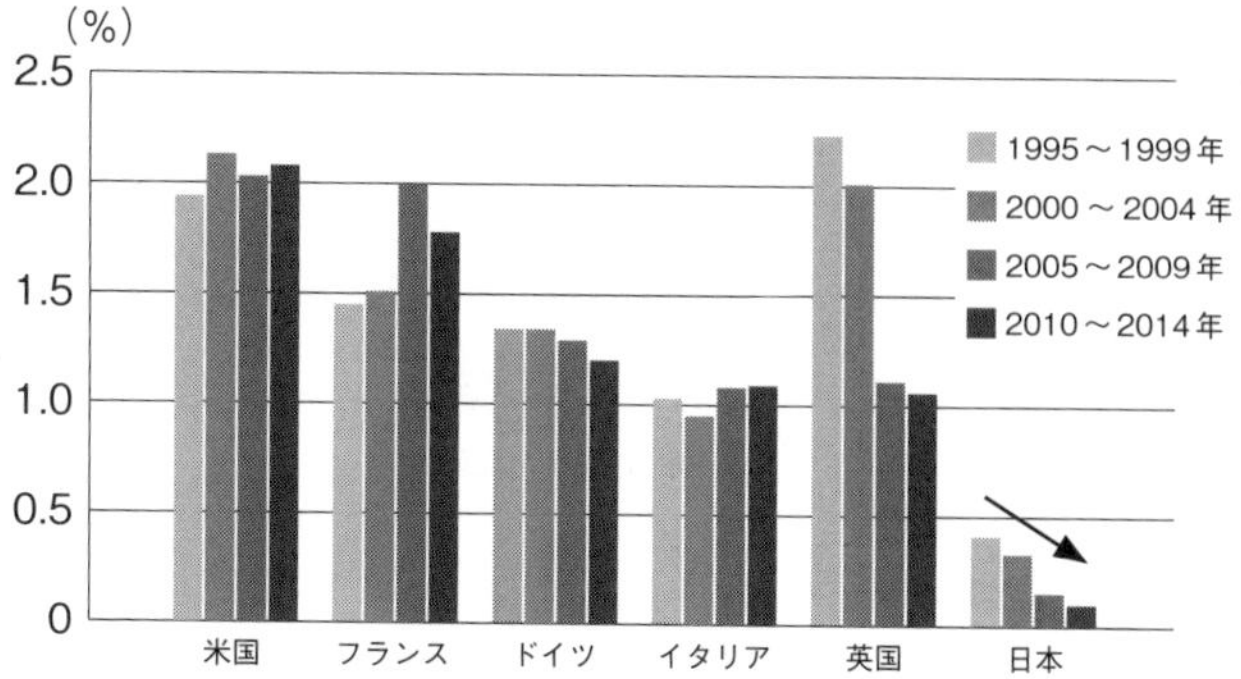

注）内閣府「国民経済計算」、JIP データベース、INTAN-Invest database を利用し、学習院大学経済学部宮川努教授が推計
出所：厚生労働省「平成30年版 労働経済の分析－働き方の多様化に応じた人材育成の在り方について」をもとにタナベコンサルティング作成

業価値向上につなげる考え方が重視され始めている。

しかしながら、日本企業の人的資本投資（OJTを除くOFF－JTの研修費用）の現状は寂しい。対GDP比でわずか〇・一パーセント（二〇一〇～二〇一四年）にすぎず、米国（二・一パーセント）やフランス（一・八パーセント）など主要先進国に比べて最も低い水準にあり、しかも近年は低下傾向が続いている（**図表1－6**）。こうした人的資本への投資意欲の低さは、そのまま日本の人材競争力の低下にもつながっている。スイスの有力ビジネススクール「IMD（国際経営開発研究所）」が発表した世界の人材競争力ランキング（二〇二二年度版）によると、日本は六三カ国・地域中四一位と非常に低い評価である。

日本は天然資源の乏しい小さな島国である。そのため、日本経済の競争力の源泉は「人材」以外にない。にもかかわらず、現状はこの通りだ。多くの企

図表1-7 タナベコンサルティンググループの人材価値デザイン

・経営人材（パートナー）倍増のKPI（パートナー100）達成に向けた人事制度策定
・セグメントをリージョン組織が運営できる要件の設計
・プロフェッショナル人材が育ち・活躍する企業内大学（アカデミー）のプログラム創造と拡大
・キャリアデザインに基づくリスキリング（体験と学習）

業が持っている「社員教育が大切」という認識は、データを分析する限り〝幻想〟であることがわかる。「企業は人なり」という名経営者の格言を取り違えてきたのだろうか。寂しい限りである。人的資本をスローガンや言葉遊びにしてはいけない。トップマネジメントは自社の人的資本にいま一度、投資すべきである。

また、人的資本経営のテーマには「事業承継」も含まれる。少子化による労働力不足の影響は、経営者人材においても同じである。同族にこだわらず、非同族人材による「第三者承継」も選択肢に入れる必要がある。企業の究極の人的資本投資は「後継経営者の育成」と「円滑な事業承継」であり、そのためにも日本企業のトップマネジメントは「サクセッションプラン（トップマネジメント育成計画書）」を策定し、投資を行わなければならない。会社存続の絶対的条件は、「後継経営者育成」なのである。参考までに私たちTCGが考える人的資本への取り組み（**図表1－7**）をまとめたので紹介する。

TCGは五〇年以上も前からその重要性に着目し、「社長育成プログラム」や「役員育成プログラム」「後継者育成プログラム」「ジュニアボード」などを開発・提供してきた。これまでに多数のトップマネジメントを育成、輩出してきた実績を持つ。そして後継経営者育成だけにとどまらず、トップマネジメントに向けて一〇〇の経営課題に一〇〇の最適解を提供すべく「チームコンサルティングバリュー」を展開している（**図表1－8**）。これは、今まで蓄積してきた臨床経験に基づく私たちの治療法であり、日々進化を続けている処方箋である。専門プロフェッショナルが、チームコンサルティング理論をベースに有機的に結びつき、戦略から現場のシステム実装、成果まで一気通貫で支援可能な唯一無二の「チームコンサルティングバリューチェーン」を提供している。

第2章から紹介していくケーススタディーは、それらによって生み出された、成果の一部であるが、TCGの取り組みへの理解を深めていただくとともに、読者の皆様の持続的成長への一助となれば幸いである。

図表1-8 チームコンサルティングバリュー～100の課題に100の最適解を導き出す～

ストラテジー＆ドメイン

【ドメイン戦略】
食品・アグリ（食品製造、食品流通、フードサービス、農水畜産）
建設（建設、建材、インフラ、設備、環境エネルギー）
住宅（住宅、不動産）
製造（化学、金属、機械、エレクトロニクス、情報通信、自動車）
サプライチェーン＆ロジスティクス
（卸、物流、流通、小売り）
ライフ＆サービス
（BtoBサービス／BtoCサービス）
行政・公共サービス

【中長期ビジョン】
中長期ビジョン
パーパス・MVV(ミッション・ビジョン・バリュー)
事業（ポートフォリオ）戦略
グローバルビジョン
組織変革

【ビジネスモデル戦略】
ビジネスモデルイノベーション
マーケティング戦略
スタートアップ戦略(新規事業開発)
ESG、SDGs

M&A

【成長戦略M&A】
M&A戦略
クロスボーダーM&A
フィナンシャルアドバイザリー
バリュエーション＆モデリング
デューデリジェンス（DD）
取得価格配分（PPA）
PMI

【事業承継M&A】
M&Aアドバイザリー

【ベンチャー企業支援】
ベンチャー企業投資
経営全般サポート
資本政策支援
IPO支援

デジタル

【マーケティングDX】
マーケティングDX
デジタルマーケティング
ブランディングDX
セールスDX
マーケティングDXスクール

【マネジメントDX】
IT化構想
ERPコンサルティング
ERPシステム設計
ERP&オペレーションズ
BPR&生産性改革
マネジメントDXスクール

【BtoBデジタルマーケティング】
デジタルマーケティング戦略
デジタルマーケティング支援(KPO)
Webサイト構築・改善（指名検索、検索集客、リーチ拡大、MA連携）
BtoB広告運用
CRM・ハウスリスト活用

【ストラテジー＆オペレーションズ】
DXソリューション
業種別DXソリューション(建設業、物流業、製造業、サービス業、商社)
グループ(連結)経営管理DX
アカウンティングテック
ビジネスプラットフォーム(会計・経理BPO)

コーポレートファイナンス

【ホールディングス＆グループ経営】
ホールディングス
グループ経営
業績マネジメントシステム

【コーポレートガバナンス】
コーポレートバリュー
コーポレートガバナンス
IPO支援

【事業承継＆事業継続】
事業承継
事業継続
企業再生
海外事業戦略的再編支援

【アライアンス】
金融機関アライアンス
士業アライアンス

【業績マネジメントシステム】
業績先行管理システム
グループ業績先行管理システム
管理会計システム
ダッシュボードマネジメント
アカウンティングスクール
CFO育成プログラム

ブランド＆PR

【ブランディング】
ブランド戦略の策定・ブランド構築
CI/VI開発
ブランドPR
ブランドプロモーション
ブランドコミュニケーション
メディア・コンテンツプロダクト
メディアコミュニケーション
コンテンツマーケティング
SNSマーケティング
クリエイティブ＆デザイン
キャンペーンプレミアム
店頭什器・POP
プロモーション・コンテンツプロダクト

【戦略PR】
戦略PR/広報コンサルティング
テレビPR
記者会見・イベントPR
クロスメディアPR
Web PR/デジタルPR
プレスリリース作成・配信
ブランド構築/ブランディング
SNS運用/SNSマーケティング

【海外PR】
海外向け広報PRコンサルティング
海外向けプレスリリース作成・配信
「Global PR Wire」（独自の海外向けプレスリリース配信サービス）の運営
海外向けSNSマーケティング
海外インフルエンサー/バイラルサービス
海外向けWeb制作

【国内・海外デジタルマーケティング】
デジタル広告戦略策定・運用支援
オウンドメディア開発・運営
コンテンツマーケティング運用支援
インフォグラフィック制作
動画マーケティング実行支援
インフルエンサーマーケティング実行支援
データ分析/DMP編集
ダッシュボード構築

ヒューマンリソース

【人的資本経営】
戦略人事
人事ビジョン・人事KPI
人事システム（人事処遇制度）
グループ人事システム
組織開発
人事PMI
エンゲージメント

【採用・ジョブデザイン】
ジョブデザイン
採用
採用サイト制作
キャリア開発

【HRテック】
アカデミークラウド
MX=Management Experience Online
（企業戦略ゲーム）
エンゲージメントサーベイ
ヒューマンアセスメント(幹部・社員)

【アカデミー（企業内大学）】
アカデミー（企業内大学）
人材育成(階層別・職種別)
リスキリング
FCCセミナー(階層別セミナー)

【トップマネジメントプログラム】
サクセッションプラン
グループ経営者育成プログラム
後継者育成プログラム
役員育成プログラム
ジュニアボード
幹部育成プログラム

第2章

ビジネスモデル

01 ビジョン構想

課題 方針・計画が近視眼的でマンネリ化してしまう

対策 未来のあるべき姿から描くバックキャスティングアプローチ

アウトプット／成果 長期ビジョンに基づく中期経営計画で持続的成長を描く

激変する世界のなかでより際立つ不変の価値観、理念とビジョン

企業は創業者の意志によって生まれ、その設立の趣旨・目的は経営理念や社是として明文化される。そうした「理念」は根源的な存在意義であり、企業哲学であり、永久的に変わらない不変のものだ。そこを原点・出発点として、自社の進むべき未来を指し示したものが長期ビジョンである。一〇年以上先を見据えた未来への指針が、目先の環境変化で安易に揺らぐものであってはならない。さまざまな変化や逆境に揺るがない企業として、その未来に向かう確固たる意志を込めたものが長期ビジョンとしてふさわしい。

その半面、長期ビジョンを実現させる企業としての論理的な中期経営計画は、環境変化に応じて柔軟に変化させなければならない。世界経済は二一世紀以降、ITバブル崩壊（二〇〇一～〇二年）やリーマン・ショック（二〇〇八～〇九年）、欧州債務危機（二〇一〇～一二年）、二〇二〇年に始まった新型コロナウイルス感染症の拡大、ロシアのウクライナ侵攻に対する大規模な経済制裁（二〇二二年）など、「一〇〇年に一度」と形容される経済危機にたびたび見舞われている。日本も東日本大震災（二〇一一年）や台風・集中豪雨など、やはり「一〇〇年に一度」クラスの自然災害が毎年発生している。一方、産業界においては「第四次産業革命」と呼ばれるデジタル技術革新（DX／デジタルトランスフォーメーション）が進行し、カーボンニュートラル（炭素中立）の実現（二〇五〇年）に向けたクリーンエネルギーによる循環型経済への転換が叫ばれるなど、既存の産業構造を覆すような大きな変化が押し寄せている。「一〇〇年に一度」の出来事が、少なくとも三年に一度やってくるような傾向は、これから先も続くと見ていい。

つまり、不変の理念、確固たる長期ビジョン、柔軟な中期経営計画という三つを持つことが重要となる。時間軸としては、理念が永久的、長期ビジョンが一〇～二〇年、中期経営計画は三～五年が目安となる。

例えば、創業五〇年以上の業歴を持つメーカーで、今まで中期経営計画を立案したことがないというクライアント企業があった。同社は事業承継を機に、新社長のもと長期ビジョンと中期経営計画を初めて策定し、全社に発信した。ところが、その直後にコロナショックが起きてしまい、発信した中期経営計画を見直さざるを得なくなった。しかし、その社長は「このタイミングで初めて長期ビジョンと中期経営計画を打ち立て、全社員に発信できたことがとても良かった」という。理由は、全社で進むべき未来の方向性を長期ビジョンとして明示していたため、一〇〇年に一度のパンデミック（感染症の世界的大流行）で社会経済が混乱するなか、中期経営計画のスケジュールが後ろ倒しになったり、足元の施策が変更したりすることがあっても、社内のベクトルの統一が図られていたおかげで組織的に混乱をきたすことはなく、業績へのインパクトも軽微なもので済んだためである。まさに確固たる意志としての長期ビジョンが組織と社員に安定感をもたらし、中期経営計画を柔軟にアップデートできたという事例である。

未来は予測できないため、中期計画や長期ビジョンは策定しても意味がないという理由で取り組まない企業は多い。しかし、企業の使命は未来予測ではなく、未来において自社はどのような姿でありたいか、理念に基づく使命は何かという意志が本質である。中期経営計画がない経営方針や年度計画は、前年対比何パーセントという〝積み上げ思考〟から脱することは難しく、投資判断や戦略施策が近視眼的になりやすい。また、長期ビジョンに準拠しない中期経営計画は、柔軟に修正や変更を加えるたびに当初の長期的な目的から外れていき、柔軟を通り越して「場当たり的」になりがちである。そうすると、社員の目線も目先の数値目標の達成だけ

図表2-1　「ESFアプローチ」概念図

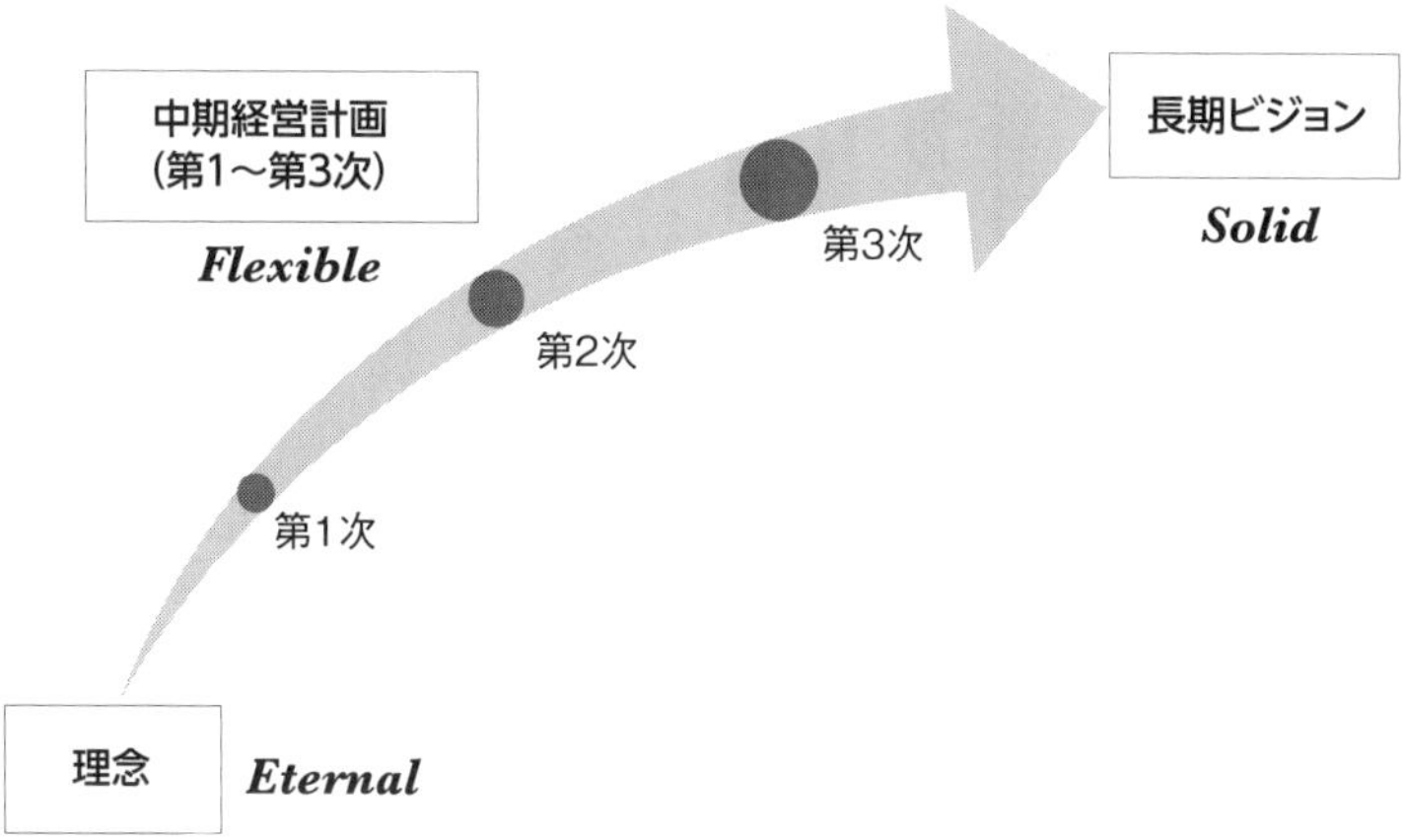

に注がれ、その目標達成の目的や中長期的な戦略意識などを見失っていく。

目標達成の先にあるものを全社で共有するからこそ、社員のエンゲージメント（会社に対する誇りや愛着）が生まれる。ビジョンやエンゲージメントがないと、企業はどんな方針や計画を立てたとしても、それらは単なる「ノルマ」という受動的でネガティブな命令の域を脱しない。永久的（Eternal《エターナル》）な理念を原点・出発点として、一〇年先の未来を確固たる（Solid《ソリッド》）意志で長期ビジョンとして明文化し、そこからバックキャスティング（逆算思考）のアプローチで中期経営計画を立てていく。三年の中期経営計画であれば三回転、五年の中期経営計画であれば二回転で、環境変化に応じて柔軟（Flexible《フレキシブル》）に変化させながらビジョンを実現可能なものとして論理的に策定していく。これが「ESFアプローチ」である（図

表2-1)。

長期ビジョンと中期経営計画の策定メソッド

ここでは長期ビジョンと中期経営計画の策定方法について解説したい。まずは未来への方向を示す長期ビジョンである。長期ビジョンは未来における会社のありたい姿であり、社会における役割、業界でのポジション、それに伴う数値目標と事業進化の方向性、組織や人に対するポリシーなどを包含する内容となる。これに加えて、近年はESG(環境・社会・ガバナンス)やSDGs(持続可能な開発目標)の要素を盛り込むことが一般的である。

長期ビジョン策定方法は大きく三つある。一つ目は企業のトップである社長が自身の思いを独断でビジョンとして明示する「ワントップアプローチ」だ。予測できない外部環境や現在の組織能力の分析・調査に重きを置かず、まずは「意志ありき」で他のメンバーと合議することなく決定する。そのプロセスとして社長が個室で一人考えることもあれば、経営コンサルタントのエグゼクティブコーチング(経営者や経営幹部を対象としたビジネスコーチング)などを活用しながら形づくっていくこともある。

二つ目は「エグゼクティブ・ディスカッション・スタイル」である。トップである社長をリーダーとし、現在の役員・経営幹部メンバーが討議を重ねながら練り上げていく方法だ。この場合、トップは自身が持つ〝ビジョンの核〟のみを抽象的に示し、他の経営幹部メンバーはその核を具体的な内容へ落とし込んでいく。

そして最後の三つ目は「ミドルアップ・トップディシジョン・スタイル」である。運営の仕方はエグゼクティブ・ディスカッション・スタイルと同様だが、大きく異なるのは中心となる参画メンバーである。現在の役員・経営幹部が主体ではなく、その下のレイヤーの幹部メンバーが主体となる。その理由はシンプルだ。一〇年後のビジョンに到達する時期に役員・経営幹部として会社を担っているべき世代こそが、そのビジョンを描くべきだと考えるからである。もちろん会社によって異なるが、現在の役員陣が一〇年後も役員として企業を経営しているケースはきわめて少ないであろう。だからこそ、未来の経営メンバーにその意志を託しながら、ビジョンを描く視点を持ってもらおうという目的がある。ただ、現在のポジションでは高い視座を持てないことが多いため、内容を精査しながら最終的にはトップメンバーが意思決定する方式となる。

中期経営計画の策定方法も長期ビジョンの策定方法と似ている部分はあるが、根本的には異なる。中期経営計画はあくまで長期ビジョンを実現するための計画でなければならず、より厳密な現状認識が必要になる。そのため、ワントップアプローチは推奨できない。中期経営計画はビジョンと異なり、事業計画、経営改善の具体的な内容やスケジュールにまで落とし込んでいけるだけの、外部環境や内部環境、組織能力の分析と把握が必須となる。この現状認識がしっかりできていないと、中期経営計画が実行不可能なものとなり、まさに絵に描いた餅になってしまう。そのため、長期ビジョンとトップの方針を示したうえで、それぞれの事業部や部門で策定することが重要になる。ここで各事業部や部門のつくる計画が、前年からの積み上げ式になることを防ぐためにも、長期ビジョンが必要になる。

中期経営計画の策定プロセスは**図表2-2**の通りである。フェーズⅠの現状認識から始まり、フェーズⅡの戦略設計・計画構築が中核となって、その後フェーズⅢの実行計画へブレークダウンされていくフローとなる。

プロセスは基本的に同じだが、策定するアプローチは大きく三つある。一つ目が、経営企画部などが主幹となり、各事業部・部門でプロジェクトチームを編成して推進していく「チームプロジェクト・スタイル」だ。二つ目が、現在の役員・経営幹部メンバーが経営会議や戦略会議など、トップレイヤーの会議を通じて意思決定していく「エグゼクティブ・ストラテジー・カンファレンス」。そして最後の三つ目が、次世代の役員・経営幹部候補者メンバーが戦略や経営の知識をインプットしながら研修形式で中期経営計画を完成させていく「ジュニアボード・メソッド」である。

長期ビジョンと中期経営計画、それぞれ成果物は一つであるが、完成させるプロセスとアプ

図表2-2 中期経営計画策定フロー

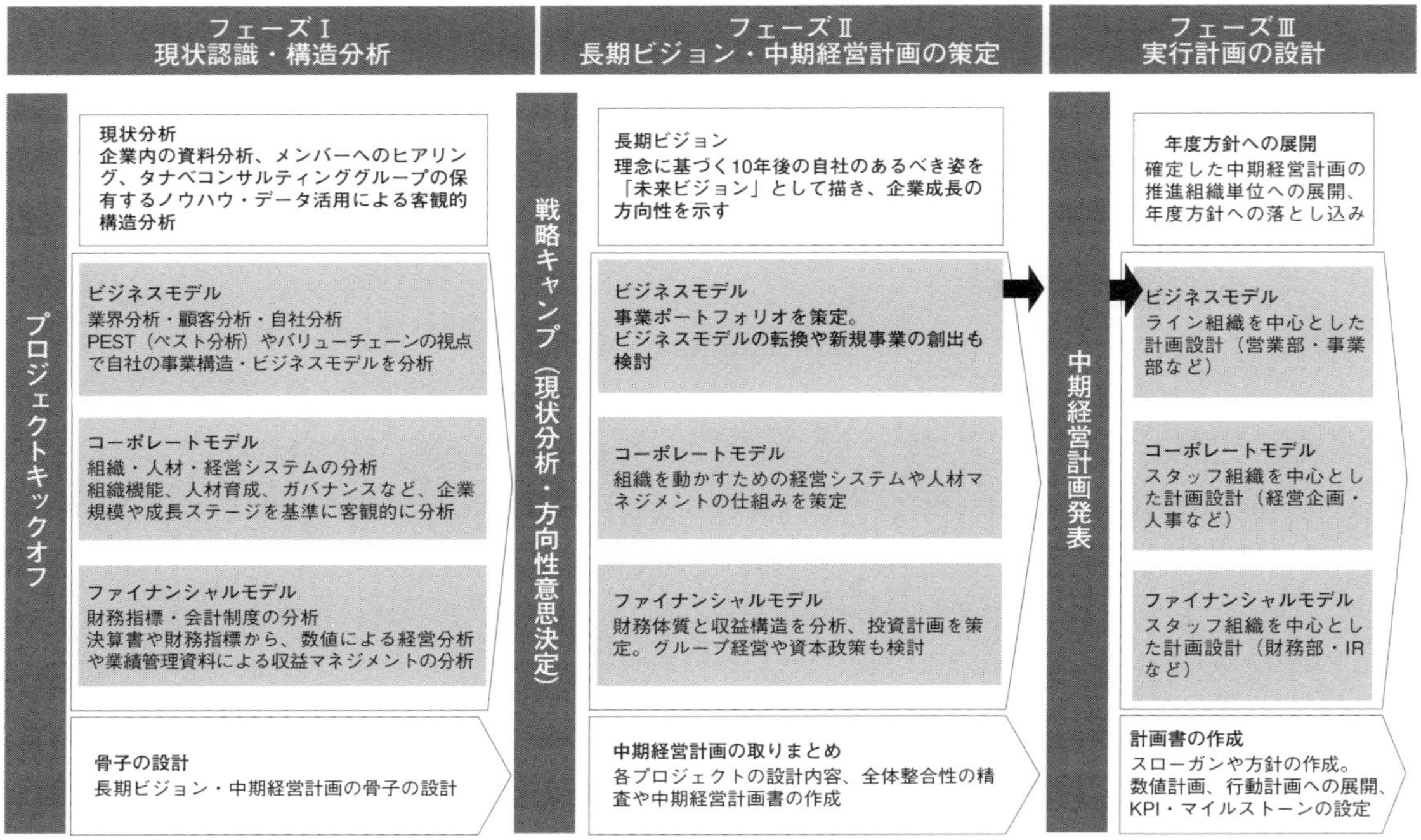
フェーズⅠ
現状認識・構造分析
フェーズⅡ
長期ビジョン・中期経営計画の策定
フェーズⅢ
実行計画の設計
プロジェクトキックオフ
現状分析
企業内の資料分析、メンバーへのヒアリング、タナベコンサルティンググループの保有するノウハウ・データ活用による客観的構造分析
ビジネスモデル
業界分析・顧客分析・自社分析
PEST（ペスト分析）やバリューチェーンの視点で自社の事業構造・ビジネスモデルを分析
コーポレートモデル
組織・人材・経営システムの分析
組織機能、人材育成、ガバナンスなど、企業規模や成長ステージを基準に客観的に分析
ファイナンシャルモデル
財務指標・会計制度の分析
決算書や財務指標から、数値による経営分析や業績管理資料による収益マネジメントの分析
骨子の設計
長期ビジョン・中期経営計画の骨子の設計
戦略キャンプ（現状分析・方向性意思決定）
長期ビジョン
理念に基づく10年後の自社のあるべき姿を「未来ビジョン」として描き、企業成長の方向性を示す
ビジネスモデル
事業ポートフォリオを策定。
ビジネスモデルの転換や新規事業の創出も検討
コーポレートモデル
組織を動かすための経営システムや人材マネジメントの仕組みを策定
ファイナンシャルモデル
財務体質と収益構造を分析、投資計画を策定。グループ経営や資本政策も検討
中期経営計画の取りまとめ
各プロジェクトの設計内容、全体整合性の精査や中期経営計画書の作成
中期経営計画発表
年度方針への展開
確定した中期経営計画の推進組織単位への展開、年度方針への落とし込み
ビジネスモデル
ライン組織を中心とした計画設計（営業部・事業部など）
コーポレートモデル
スタッフ組織を中心とした計画設計（経営企画・人事など）
ファイナンシャルモデル
スタッフ組織を中心とした計画設計（財務部・IRなど）
計画書の作成
スローガンや方針の作成。
数値計画、行動計画への展開、
KPI・マイルストーンの設定

ローチは複数あり、各企業の状況や目的に応じて活用することが望ましい。重要なのは、どのような時代になろうとも切り開くべき未来の姿を、確固たる意志として長期ビジョンで示すこと。そして、激変する外部環境に適応すべく、戦略を含む事業計画を柔軟に変化させるマインドと姿勢を持つことである。臨機応変に計画をアップデートしながらも、到達すべき「長期ビジョン＝未来のゴール」は同じだということだ。すなわち、山の頂上は一つ（長期ビジョン）しかないが、そこへ至る登頂ルートは複数存在し、天候によってプランを変えていく（中期経営計画）という「登山」をイメージしていただきたい。

ケースメソッド 卸売業A社
確固たる未来の姿がない→ESFアプローチで中期経営計画を策定

業界のリーディングカンパニーであり、東証プライム市場上場企業の大手卸売業A社は、直近決算で過去最高の売上高を計上するなど、近年の業績は好調である。しかし、それは戦略推進による成果というより、コロナ禍を主とした外部環境の影響が大きく、予想外の出来事が追い風になった結果である。また、商流の中間に位置する卸売業は付加価値と存在価値の二重の低下に直面しており、次に起こる外部環境の変化が今度は大きな逆風になる可能性もある。

外部環境がどのように変化しても、自社が持続的に成長できる未来の姿を描く必要がある。

したがって、その姿を具体化する中期経営計画の策定が経営における最重要テーマとなる。そう考えたA社は、その課題解決をタナベコンサルティングに依頼した。

タナベコンサルティングとA社は、まずマーケット動向やビジネスモデルを含む戦略実態、組織マネジメントの棚卸しを行うことから始めた。具体的には、PEST（ポリティクス＝政治、エコノミー＝経済、ソサエティー＝社会、テクノロジー＝技術）の切り口でマクロの外部環境を分析すると同時に、マーケットや産業構造などミクロの調査を行い、詳細な外部環境分析を実施した。そのうえで「事業構造」「組織・人材構造」「収益・財務構造」の三つについて、会社が抱えている現状の課題を多面的に総点検した。

A社は五つの主要な事業部で構成され、参謀機能として経営企画部門が設置されていた。自社内外の環境分析は経常的に実施していたが、どうしても主観的かつ分散的になってしまっていた。その意味でも、タナベコンサルティングによる客観的・総体的な現状分析レポートは、A社が大局から全社を俯瞰するうえで非常に有益であった。

その現状認識をベースに、同社の不変の企業理念に即した長期一〇年の確固たる意志を込めたMVV（Mission《ミッション》, Vision《ビジョン》, Value《バリュー》）を定めた。この策定プロセスは、前述した「エグゼクティブ・ストラテジー・カンファレンス」方式である。この実践により全経営陣が納得する本質的なMVVとなり、すべてのステークホルダーに一〇年後の輝かしい未来を示す光となった。

そして、そのビジョンを実現するための全社方針のもと、リーディングカンパニーにふさわしい全方位戦略を発信した。それは業界における存在価値の向上、産業構造の変化を好機とする施策、グローバル市場の拡大などを柱とした成長戦略である。この戦略を中期経営計画として各事業部・各部門へと展開。全社戦略検討会である「エグゼクティブ・ストラテジー・カンファレンス」と、各事業部で編成されるタスクフォースの「チームプロジェクト・スタイル」を交互に繰り返しながら、実効性の高い中期経営計画へと練り上げていった。できあがったのは、過去最高の売上高をさらに超えていくという数値計画で、A社の長い業歴のなかでもハードルの高い計画であった。しかし、タナベコンサルティングによる支援と長期ビジョン構想プロジェクトを通じ、外部環境の急激な変化に対する危機感が共有できていたため、「挑戦しなければ未来はない」という強固な意思統一のもと、チャレンジングな中期経営計画を描くことができた。

ESFアプローチでは、不変（Eternal）の理念と確固たる（Solid）ビジョンに対して、中期経営計画は柔軟性（Flexible）が求められる。そのためA社では計画策定後、推進マネジメントとローリング（一年ごとに見直しを行い、計画を改定・更新すること）をタナベコンサルティングとともに実施していく予定である。

現在は先行きが見えないVUCA《ブーカ》（Volatility＝変動性、Uncertainty＝不確実性、Complexity＝

複雑性、Ambiguity＝曖昧性）の時代であるだけに、中期経営計画は策定して終わりにせず、更新を前提としたローリングプランとし、環境変化に応じて柔軟に計画値や実施方法を軌道修正しながら目標達成を目指すのが望ましい。「目は遠山を望むがごとく、手の内は生卵を握るがごとく」というように、大局（一〇年後）から目を離さず、手元（三年）は柔軟かつ機敏に対応することが、企業の持続的成長には必要不可欠なのである。

02 M&A戦略

課題　事業のポートフォリオ戦略が描けない

対策　〝買収〟をゴールとしない真のM&A戦略

アウトプット／成果　収益性が高い事業ポートフォリオへの最適化

M&Aの浸透

日本のM&A（Mergers and Acquisitions＝合併と買収）は一九八〇年代から上場企業を中心に浸透し、短期間で事業に変革を起こす手段として重宝された。時に企業が自社の優位性を内外にアピールするための材料にも使われ、日本の上場企業が海外の大手企業を買収した際にはマスメディアを賑わすこともあった。

ただし、リーマン・ショックの頃までは、日本におけるM&Aといえば「乗っ取り」「身売り」などネガティブなイメージが強かった。リーマン・ショック後、新たな成長の機会を模索する新興企業は、大手上場企業の十八番《おはこ》であったM&Aを活用するようになった。その要因

（買収側）として、次の三点が挙げられる。

一点目は、「時間とノウハウが買える」ということである。企業の存続を懸けて新たな事業に取り組む場合、時間とコストをかけて一から立ち上げるよりも、既存の事業会社を買収したほうが手間はかからず、スピーディーにビジネスを展開できる。二点目は、日本銀行の金融緩和策に伴い、低金利で資金を調達しやすい環境が整ってきたこと。そして三点目は、M＆A専門仲介会社が次々と上場し、従来は大手企業に集中していたM＆Aの案件情報を、多くの一般企業にも行き渡らせるインフラが整備されたことである。

これらの要因によりM＆Aの認知が広まり、企業や事業部門の売り買いが活発化している。そこでタナベコンサルティングでは、経営をつなぎ、企業の成長を促すM＆Aを「成長M＆A」と呼んでいる。

M&Aの落とし穴

企業がM＆Aの活用に乗り出した背景には、前述したような大きな社会的変化がある。とはいえ、「M＆Aを実施すること」そのものが目的化してしまうことは絶対に避けなければならない。例えば、売り手と交渉し、買収を完了するところにM＆Aの価値を見出す買い手がいるが、それは大きな間違いだ。売り手との交渉段階で、M＆Aのゴール、すなわち買収後の戦略がすでに描けている状態が必要である。

「戦略なくしてＭ＆Ａなし」。Ｍ＆Ａは戦略に基づいて実行されなければならない。買収はゴールなのではなく、スタートにすぎない。Ｍ＆Ａを活用して企業を存続・成長させることが求められているのだ。これは買い手（バイサイド）目線で見ると、戦略に基づいてＭ＆Ａを実施することであり、売り手（セルサイド）目線で見ると、明確なＭ＆Ａ戦略（軸）を持った企業のグループに入ることで経営の安定化につながるのである。

財務状態が良いから、人材がそろっているから、買収しても損はしないであろうという目算で「良い会社」を買収するのではなく、自社が「欲しい会社」を具体化し、それに見合う会社を買収することが重要である。

成長Ｍ＆Ａ(バイサイド)の二つのフェーズ

成長Ｍ＆Ａは、大きく二つのフェーズで示すことができる。まず、第一フェーズでは、どのような事業領域（ドメイン）の企業を、どれくらいの投資額で買収し、中長期的にどのような姿へ成長させたいのかを決めなければならない。これが「Ｍ＆Ａ戦略構築」である。中長期ビジョンを持っている企業は、Ｍ＆Ａの実行を通じて中長期的にどのような企業になりたいかをイメージすればわかりやすいだろう。

そして第二フェーズは、M&A戦略に基づいて買収を実行するフェーズである。通常、M&Aというと、このフェーズをイメージする人が多いと思う。これは企業価値評価（バリュエーション）を実施し、価格・条件面などで当事者同士が交渉を進め、譲渡契約を締結する場面である。

次に、タナベコンサルティングが実施している支援コンサルティングのパターンをもとに、成長M&Aの流れを説明しよう。

①M&A戦略構築支援（おおむね四〜六カ月、図表2-3）

M&A戦略の構築においては、事業戦略とM&Aとのつながりが最も重要である。あくまでもM&Aは事業戦略を実現するための手段でしかない。したがって、まず買い手企業は自社の事業戦略を明確にするところから出発する。複数の事業を展開する企業は、事業セグメントごとに攻め方も変わるはずである。セグメント別に事業戦略を明確にする必要がある。

次に、事業戦略を実行に移す際、どのような手法を駆使するのかを検討する。すなわち「参入戦略」の検討である。既存事業一筋で勝負をしている企業であれ、複数の事業セグメントを有する企業であれ、すべての事業をM&Aで成長させていこうと考えているわけではないだろう。企業を成長させるために事業ポートフォリオ（企業が展開する複数事業の組み合わせ一覧）の

図表2-3 M&A戦略構築支援体系図

課題認識・設計

M&A戦略構築・参入戦略検討

構造分析フェーズ

【中長期ビジョンレビュー】
M&Aの基礎となる既存のビジョン・事業戦略の把握

【事業構造分析】
①内部環境分析
・ビジネスフロー分析
・経営資源の棚卸し
・セグメント別収益力分析
②外部環境分析
・市場動向分析
・ライバル（競合）分析
・顧客ニーズ分析
③狙う事業領域の検討（スクリーニング）

【コーポレート分析】
①投資余力の算出
②投資効果の測定状況の確認
③M&A検討体制のレビュー

構造設計フェーズ

【事業構造設計】
中期3年間の勝てる条件の明確化と事業ポートフォリオの再構築
・狙う事業領域の選定
・戦略オプション検討
・事業別数値計画再検討

【コーポレート設計】
事業戦略を実現させるための機能の設計
①社内のM&A案件検討プロセスの設定
②買収に関するリスク定義
③KGI・KPIの設計

参入戦略検討

【参入戦略検討】

設定した事業ポートフォリオに基づき、戦略を推進するための制約条件・経営資源を明確化。狙うべき事業領域への参入方法を検討

※事業領域に応じた手段の設定（内部開発/M&A/戦略的提携等）

戦略検討会（事業戦略と重点テーマの意思決定）

ターゲティング

【ターゲットM&A計画策定】
事業戦略構築フェーズで決定した戦略に基づき、M&Aを実施する場合に、ターゲットを明確化する（戦略的提携/アライアンスも含む）

①ロングリスト作成
②ショートリスト作成
③ターゲットM&A計画の立案

【参入戦略に基づく事業開発（強化）】
参入戦略検討フェーズにおいて、自力成長（オーガニックグロース）を選択する場合に、ロードマップを作成

①既存事業強化案/新規事業開発案の抽出
②スクリーニング
③推進体制の検討（営業・開発方法の設定）
④PJのKGI・KPIを含むマネジメント方法の設定

実行

推進支援

【ターゲットM&Aの実施】
ターゲットM&A計画に基づくターゲットへのアプローチの実施

①DM発送およびTELフォロー
②金融機関や会計事務所への個別打診

最終報告会

組み替えは不可欠だ。M&Aを活用する事業セグメントはどれか。それを明らかにするのである。

参入戦略が決定した後は、いよいよM&A戦略を検討する。そこで多用される戦略としては次のようなものがある。

- ●吸収戦略……競合他社を買収
- ●ロールアップ戦略……規模の小さな企業や同業を連続的に買収
- ●製品・サービス強化戦略……関連のある製品・サービスを扱う企業を買収
- ●エリア拡大戦略……他エリアのシェア拡大を目指す買収
- ●クロスボーダー戦略……海外に事業基盤を持つ企業の買収

どのM&A戦略で事業を伸ばしていくのかを決定し、それに従って具体的な企業をソーシング（探索）していくことになる。ソーシングの際は、対象となり得る企業を複数ピックアップし、「ロングリスト」と呼ばれるリストをまず作成する。さらに絞り込みをかけていくことで「ショートリスト」ができあがり、アプローチ先が具体化される。

②ファイナンシャル・アドバイザリー（FA）支援（おおむね六カ月以上、図表2-4）

M&A戦略の構築で具体化した企業との交渉において、アドバイザー（M&Aの専門家）がサポートを実施するフェーズである。アドバイザーの役割は、当事者の一方とアドバイザリー契約を締結し「顧客が有利に交渉できるようにすること」、また「取引に伴うリスクを低減させること」である。タナベコンサルティングでは売買の当事者両方と同時に契約を締結する仲介方式ではなく、アドバイザーとしての立ち位置を取るようにしている。顧客の利益を最大化させるためである。

アドバイザーは、M&A交渉を円滑に進めるため、セルサイドの事業内容・財務状態について初期資料を用いて分析し、簡易企業価値評価を実施する。また、バイサイドのM&A戦略に合致する相手先かどうかを見極めながら、投資余力なども考慮し、買収を進めるか否かについて顧客に進言する重要なポジションを担っている。条件交渉においては、相手方の主張のなかで受け入れられる部分とそうでない部分とを明確にし、顧客が有利な形へ持っていくことを最優先に行動する。

アドバイザリー業務は、案件を成約（クロージング）まで導いた時点で一つの区切りを迎える。しかし、晴れて成約に至ってもM&A自体は終わりではない。当初の戦略に従い、買収した企業との相乗効果（シナジー）を創出していかなければならない。M&Aの相乗効果を実現させ

図表2-4 ファイナンシャル・アドバイザリー支援

フェーズ	メニュー	概要
全体設計	案件の推進方法の立案 スケジューリング	①（相手候補先の絞り込みができていることを条件に）案件における進め方の全体像を設計 ②全体像に合わせて、スケジューリング、チームビルディング、必要な外部専門家の紹介を実施
投資先選定・企業価値算定サポート	相手候補先の 情報収集・提供	①相手候補先の情報（財務情報・信用情報・その他）を収集し、提供 ②初期分析を通じて、相手候補先の課題等を助言
	企業価値算定と 最適な買収形態の検討	①投資先から入手可能な情報に基づき、企業価値算定（買収価額の概算値算出） ②算出した買収価格の概算値とともに、買収価額引き下げ交渉の材料となる要因を検討 ③買収後を見据え、統合リスクとなり得る諸要因の有無を調査 ④M&A戦略展開のスピード感、必要コスト、売り手側の事情、税務メリット・デメリット等、M&Aのスキーム立案に影響を与える諸条件を勘案し、最適な買収形態（スキーム）を検討
交渉サポート	意向表明書（LOI）の提出 基本合意書（MOU）の締結	初期の条件交渉から、すべてその買収金額・スキーム・スケジュールの合意を取り付け、意向表明書の提出または基本合意書の締結に結びつける
買収調査の実施に向けた調査・サポート	買収調査（デューデリジェンス） 実施に向けた調整	①想定されるリスクに対応すべくデューデリジェンス計画の調査を実施する専門家とともに検討（買収価額引き下げの要因の調査をデューデリジェンス計画に織り込む） ②買収後を見据え、統合マネジメントプランについて助言
	外部専門家と社内人材間 のコーディネート	デューデリジェンスを社外の専門家がスムーズに進められるように、専門家と社内人材を調整する事務局兼デューデリジェンス推進のコーディネーターとして調整を図る（デューデリジェンス自体は、買い手から依頼を受けた税理士等が実施）
事務サポート	ドキュメンテーション支援	①各種契約書、覚書のドラフトの作成 ②自社内の取締役会や経営会議に提出する資料作成の支援
最終合意	最終譲渡契約サポート クロージング支援	①デューデリジェンスの結果をもとに、最終合意に向けた条件の調整 ②最終譲渡契約書ドラフト作成 ③契約書調印・クロージングの実行支援

る第一歩はPMI（Post Merger Integration＝買収後の経営統合作業）の実施である。被買収企業のノウハウを自社に加えることによって、既存事業の強化や事業ポートフォリオの組み替えが効果を発揮し、企業の成長につながっていく。

次に、具体的な成長M&Aの成功ケースとして、タナベコンサルティングが実際に手掛けたコンサルティング事例を紹介する。

ケースメソッド　住宅リフォーム業B社

東京の同業会社を買収→首都圏マーケット進出

B社は、二〇一〇年に設立された店舗のデザイン・設計・施工や住宅リフォームなどを手掛ける会社である。複数の事業会社から成るグループを形成し、着実に実績を伸ばしている。B社の強みは、エンターテインメント施設に精通していることであり、店舗づくりにおける設計・監理ノウハウは業界でも貴重で、その実力は首都圏から声がかかる状況であった。首都圏マーケットは内装事業者にとって魅力的なエリアであり、またグループのさらなる成長には首都圏への進出が不可欠であった。

だが、B社の拠点は首都圏と離れた場所にあったため、関東の同業会社のM&Aを模索した。そこでタナベコンサルティングはB社のニーズをもとに、事業譲渡の意向を示していた東京の店舗内装設計施工会社Z社を提案し、B社のM&A戦略を踏まえたうえでアドバイザーとして交渉のサポート役を担った。このM&A案件のポイントは、買収を通じてB社のエリア拡大戦略が実現するか否かという点である。ただ、本件にはいくつかクリアしなければならない問題があった。

一つ目は「売り手（Z社）の社風を知る」ということである。通常のディール（取引）では、当事者が互いを知る機会は限られている。当然、買い手は買収後のリスクを抑えるため、事前に売り手のことを可能な限り知りたいと考えるが、売り手は破談リスクを警戒してすべての情報を開示することに消極的となるからである。B社の経営者は、買収する前にZ社の社風を知ること、また現経営者に買収後も残ってもらうことを優先事項と考えていた。そこでB社サイドは、Z社の社風をつかむために「試験的にB社からZ社へ仕事を発注してみる」という形をとった。その際、タナベコンサルティングのM&A担当者が関係者の説得にあたり、仕事の発注を通じて互いの技術・ノウハウについて理解が深まった。

二つ目に立ちはだかったのは、財務上の問題である。買収時は、必ず相手の財務状態をチェックする。どのような会社にも一つや二つは財務面のリスクが潜んでいるものであり、それを事前にどれだけ把握できるかが買収後の成長戦略に直結する。本件では、Z社の財務状況が決して万全とはいえないなかで、B社が買収した場合にどのようなリスクが想定されるのかを洗い出した。Z社の決算書分析から会計帳簿なども確認し、起こり得る事象や買収後に描く青写真の実現に対する障害などを検討した。洗い出したリスクを評価した結果、買収しても問題ないという最終決断をB社が下し、買収スキームを固めていった。

そして三つ目の問題は、事業戦略の整合性である。交渉全般を通じて、なぜZ社を買収する必要があるのか、このまま買収の検討を進めていくべきなのか、との判断を迫られる局面に逐一ぶつかった。成長M&Aでは、買い手が事業戦略上、明確な理由を持っていることが成否の分かれ目となる。B社のM&A戦略は「エリア拡大」であった。特に中堅企業のM&Aでネックになるのは、売り手と買い手の本社機能の物理的な距離と社風の違い（商習慣ともいえる）である。したがって買い手は自社の本社に近く、管理が行き届く範囲にある企業を買収対象に選ぶことが多い。本件の場合、当事者同士が異なるエリアに拠点を構える企業であったが、B社は首都圏での展開を戦略として明確に描いており、最後までブレることはなかった。交渉過程では、同じ事業でもエリアによって工事の進め方が異なる両社の特性を把握し、買収後の道筋も描くことができたため、M&Aの成立に至った。

なお成長M&Aでは、売り手の経営者にそのまま会社に残ってもらえるかどうかも重要なポイントとなる。買収後の企業を任せられる管理者（マネジャー）の存在が不可欠だからである。本件では、Z社の経営者に管理者として残ってもらい、現在はB社の東京支社の責任者としてグループの成長を支えている。

【ブランディング戦略】

03 ブランディング

課題 価格競争から抜け出したい

対策 三つの視点&七つのプロセスでブランド構築

アウトプット／成果 一番に選ばれるナンバーワンブランドの確立

ブランド構築における課題と成果

企業のブランド力低下に伴う代表的症状は次の三点が挙げられる。

①価格競争やコストダウン要請により付加価値が取れず、収益性が次第に悪化する

②採用難や社員の離職率の増加で人材が確保できず、組織の活力が上がらない

③既存客のリピート率が低下し、新規客も増えず、結果的に顧客数が減少する

図表2-5　ブランディング「1・3・7メソッド」

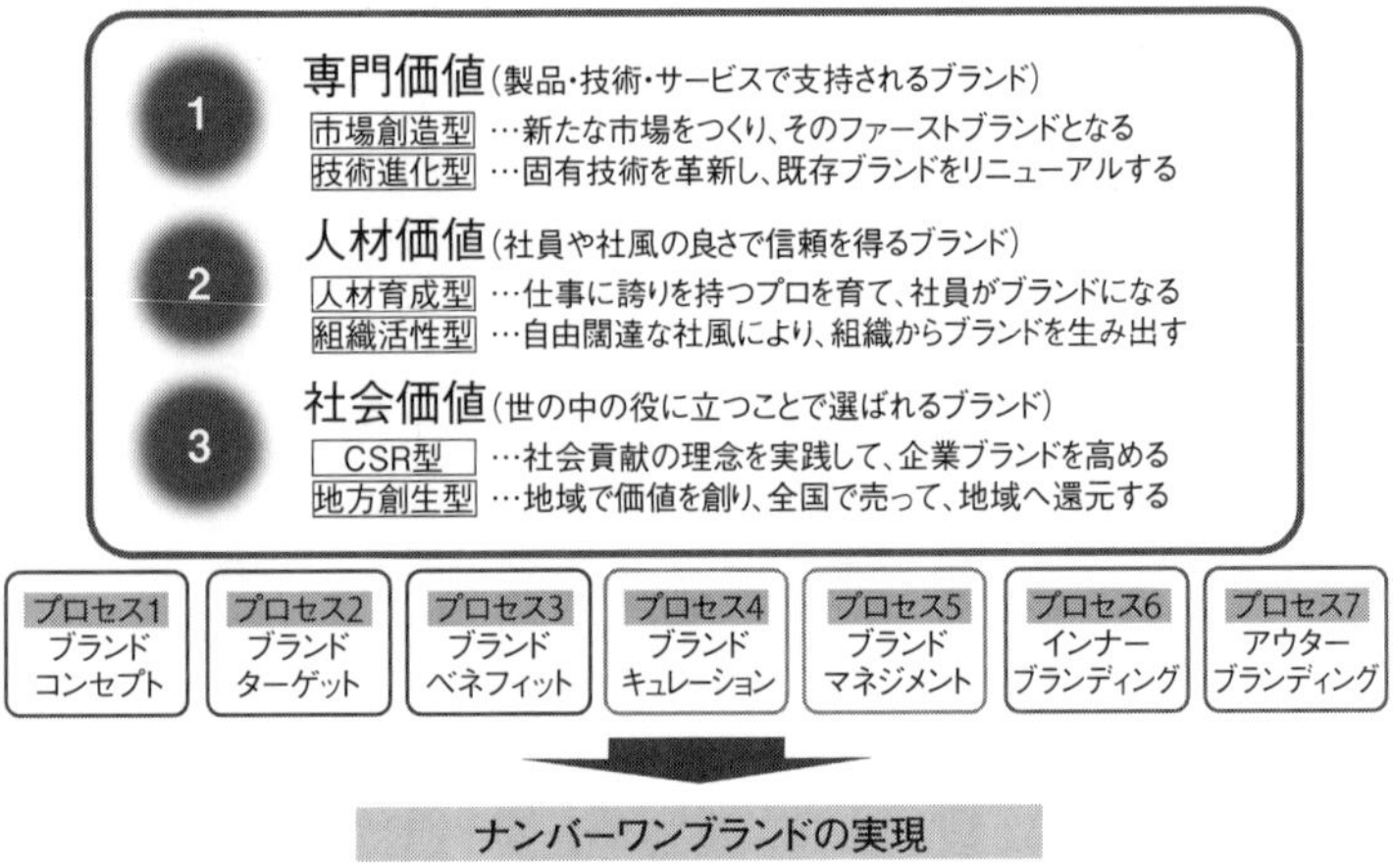

1	専門価値（製品・技術・サービスで支持されるブランド）
	市場創造型 …新たな市場をつくり、そのファーストブランドとなる
	技術進化型 …固有技術を革新し、既存ブランドをリニューアルする
2	人材価値（社員や社風の良さで信頼を得るブランド）
	人材育成型 …仕事に誇りを持つプロを育て、社員がブランドになる
	組織活性型 …自由闊達な社風により、組織からブランドを生み出す
3	社会価値（世の中の役に立つことで選ばれるブランド）
	CSR型 …社会貢献の理念を実践して、企業ブランドを高める
	地方創生型 …地域で価値を創り、全国で売って、地域へ還元する

| プロセス1 ブランドコンセプト | プロセス2 ブランドターゲット | プロセス3 ブランドベネフィット | プロセス4 ブランドキュレーション | プロセス5 ブランドマネジメント | プロセス6 インナーブランディング | プロセス7 アウターブランディング |

ナンバーワンブランドの実現

ブランドを構築する狙いは、これらの課題を解決しながら、同時に企業価値を高めていくことにある。そして、目指すべき成果は次の三点である。

①ライバルとの同質化競争を避けることで、価格決定において主導権を握る

②採用面で優位性を発揮し、社員の会社に対するエンゲージメント（絆）を高める

③際立った個性で新規顧客を獲得し、既存顧客の生涯価値（LTV／ライフ・タイム・バリュー）を高める

ブランド構築を推進する活動は「ブランディング」といい、そのプロセスを通じて企業の体質強化を図ることができる。激変する経営環境下において、ブランドに「揺るぎない強さ」を与える本質的なアプ

ローチであり、現代の企業経営にとっては不可欠な要素にほかならない。

ただし、実際にはブランディングをどう進めていけばよいのかわからない、という声が多く聞かれる。そこでタナベコンサルティングでは、ナンバーワンブランド企業の事例を収集・分析し、コンサルティングのノウハウとして体系化した。それが「1・3・7メソッド」である（**図表2-5**）。

ブランドを際立たせる三つの価値を整理し、コンセプトからインナー&アウターブランディングまでの七つのプロセスに展開して、価格以外で選ばれるナンバーワンブランドを構築する手法である。

ブランドの三つの価値

ブランドは「顧客に提供する価値を定義・約束し、長期的な信頼関係を築くもの」と定義でき、一言で表現すれば「顧客との約束」になる。

ブランドが顧客に約束する価値は大きく三つに分けられる。それは**図表2-5**の「専門価値」「人材価値」「社会価値」である。ブランドの専門価値とは、自社の製品や技術・サービスといった専門性によってもたらされる価値で、ブランドの中核を成すものである。特定の分野や技術において他社に絶対に負けない自信があり、顧客がそこに魅力を感じていれば、ブランドの専門価値は高いと考えられる。この場合はセグメントを特定することで際立たせ、専門性に磨きをかけていくことが差別化のポイントになる。

次にブランドの人材価値とは、社員や組織あるいは社風など人によってもたらされる価値のことを指す。製品やサービス以外に社員の対応の良さで顧客の支持を得ているケースはその典型である。

例えば、人材をクローズアップして会社の前面に押し出すことで、ブランドの見え方を変えることができる。また、人によってサービスにばらつきがないよう標準化し、スキルアップに向けた教育を実施して、「社員が主役」の風土づくりで組織を活性化することが重要になる。

最後にブランドの社会価値とは、企業の社会性によってもたらされる価値である。地域活性化や環境配慮、ＣＳＲ（企業の社会的責任）といった社会貢献活動やＳＤＧｓへの取り組みなどによって、「世の中に良いもの」というブランドイメージで選ばれることがそれにあたる。

経済性よりも社会性が重視されるトレンドのなかで、投資家から見て社会性を重んじない企業は魅力が乏しく、社会価値を訴求できていない企業に優秀な人材は集まらない。顧客も買うという行為でブランドへの信任票を投じているが、社会性をその基準にする傾向は、コロナ禍を機にさらに強くなるだろう。

これら三つの価値を組み合わせて、世界に一つしかないブランドのキャラクター（性格）をつくっていくことが、ブランディングの基本戦略になる。

ブランディングの七つのプロセス

ブランドを構築する際、理念・価値観などのコンセプトだけでは発信力が弱いが、デザインなどの制作物や、広告宣伝などのプロモーションに偏り過ぎても本質を見失いかねない。戦略立案から実装・実行までを一貫して取り組むことが重要となる。その進め方を体系的に整理したものが、次の七つのプロセスである（図表2‐6）。

プロセス1は「ブランドコンセプト」。ブランドの選択に価格以外の意味を持たせるためには、強いメッセージ性が求められる。自分や自社にとって本当に必要か、自らの価値観に合うかどうかを見極めるポイントが、ブランドの発するコンセプトである。当然、明確な主張がないものや顧客の心に響かないものは選択肢から外れていく。コンセプトとはブランドが目指すべき世界観や価値観で、ブランド構築の根幹にあたる。これを形づくるためには、まず「ブランドプロミス」と呼ばれる顧客との約束事を、専門価値・人材価値・社会価値という三つの観点で整理する。そしてそれらを独自のストーリーにまとめ上げて発信していく。

プロセス2は「ブランドターゲット」。ブランドが狙いとする顧客像を具体化するプロセスである。ブランドの専門性を発揮するためには、特定の人物や企業について属性や行動特性を分

図表2-6 ブランド構築の全体フレーム（ナンバーワンブランドをつくる本質的アプローチとブランド展開の全社員活動）

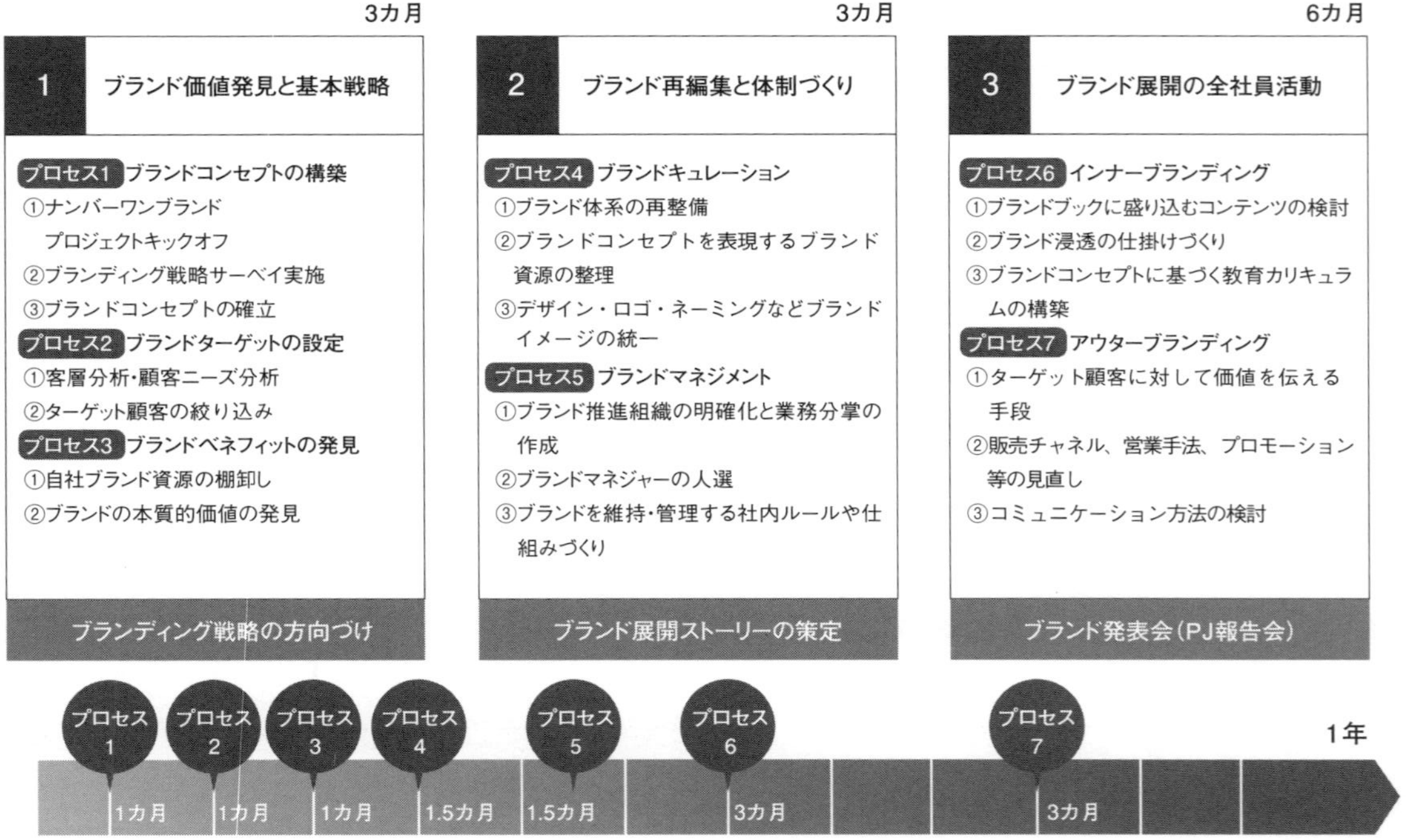

3カ月
1 ブランド価値発見と基本戦略
プロセス1 ブランドコンセプトの構築
①ナンバーワンブランド
プロジェクトキックオフ
②ブランディング戦略サーベイ実施
③ブランドコンセプトの確立
プロセス2 ブランドターゲットの設定
①客層分析・顧客ニーズ分析
②ターゲット顧客の絞り込み
プロセス3 ブランドベネフィットの発見
①自社ブランド資源の棚卸し
②ブランドの本質的価値の発見
ブランディング戦略の方向づけ
3カ月
2 ブランド再編集と体制づくり
プロセス4 ブランドキュレーション
①ブランド体系の再整備
②ブランドコンセプトを表現するブランド資源の整理
③デザイン・ロゴ・ネーミングなどブランドイメージの統一
プロセス5 ブランドマネジメント
①ブランド推進組織の明確化と業務分掌の作成
②ブランドマネジャーの人選
③ブランドを維持・管理する社内ルールや仕組みづくり
ブランド展開ストーリーの策定
6カ月
3 ブランド展開の全社員活動
プロセス6 インナーブランディング
①ブランドブックに盛り込むコンテンツの検討
②ブランド浸透の仕掛けづくり
③ブランドコンセプトに基づく教育カリキュラムの構築
プロセス7 アウターブランディング
①ターゲット顧客に対して価値を伝える手段
②販売チャネル、営業手法、プロモーション等の見直し
③コミュニケーション方法の検討
ブランド発表会（PJ報告会）
プロセス1
プロセス2
プロセス3
プロセス4
プロセス5
プロセス6
プロセス7
1年
1カ月
1カ月
1カ月
1.5カ月
1.5カ月
3カ月
3カ月

析し、そこから見出される課題に的を絞っていくことが必要になる。ただし、対象とする人物や企業は今買ってくれている顧客ではなく、本当に買ってほしい顧客、いわゆる「真の顧客（ターゲットユーザー）」でなければならない。まずはターゲットを定めて深く理解することが、ブランド具現化への第一歩になる。

プロセス3は「ブランドベネフィット」。ブランドが顧客に提供する便益や恩恵を決めるプロセスである。ブランドの直接的な提供価値となる製品やサービスについて、品質・機能・スペックなどの「機能的ベネフィット」、デザイン・質感・使い勝手などの「情緒的ベネフィット」、顧客とのコミュニケーションやアフターサービスなどの「体験的ベネフィット」という三つの観点から、ターゲットに向けて最適化を図る。ここ二〇年ほどで顧客がモノ（所有価値）よりコト（体験価値）を重視するようになり、特に体験的ベネフィットの重要性が増した。製品・サービスそのものでなく、バリューチェーン上の顧客接点を含めたトータルでの価値をどのように設計するかでブランドの付加価値が決まる。

プロセス4は「ブランドキュレーション」。ブランドの編集作業である。ブランドコンセプトに基づいてネーミングやロゴデザインの制作、トーン＆マナー（デザインの方向性や表現方法のルール）の設定をはじめ、コーポレートブランドと事業・製品・サービスブランドを体系化し、不要なものを整理することでブランドに一貫性や統一感を持たせる。

プロセス5は「ブランドマネジメント」。ブランドを維持・管理するための仕組みと、組織体制である。ブランドは放っておくと陳腐化・劣化していく。それを防ぐために社内にブランド推進室などの専門部署を設置し、推進リーダーであるブランドマネジャーを任命。同時に、マネジメントガイドで品質基準や行動ルールを規定して管理する。

プロセス6は「インナーブランディング」。ブランドを体現する社員を育てる取り組みである。ブランドは顧客との約束であると同時に、社員の心の拠り所でもある。自分が何を誇りに思って働くのか、守るべきものが何かを明確にすることで、ブランドと個人のアイデンティティーをひもづけ、心理的安全性を担保することが社員のエンゲージメント向上につながる。

ブランドブックやクレドカードと呼ばれる、ブランドの理解・浸透を促すツールを作成し、教育研修を通じて日常業務に展開する。そして社内報や掲示板、表彰制度などでブランド貢献度の高い人材や成功事例を共有する。ブランド価値向上を目的とした社内プロジェクトも主体性を高める効果がある。肝心なのはブランドを他人事にせず、〝自分ゴト化〟することだ。

プロセス7は「アウターブランディング」。対外的な発信と顧客とのコミュニケーションである。ターゲットにブランドの価値を正しく伝えることが目的であり、テレビCMや新聞広告などはマスト（必須）ではない。むしろホームページやSNS、メールマガジンなどのオウンドメディア（自社が所有・運営して情報発信するメディア）で顧客接点を増やし、双方向でのコミュニケーションが取れれば、費用対効果を劇的に改善できる。またプレスリリースや取材、各種アワード受賞などの話題づくり、価値観や世界観を伝える目的ではブランドムービーも有効である。これらすべての施策をブランディングカレンダーに落とし込み、計画的に進めたい。

これら七つのプロセスを実践していけば、ブランドと顧客の信頼関係は強くなっていく。自社ブランドのマインドシェア（心理的占有率）が高い熱狂的なファンを増やすことができれば、一顧客当たりのＬＴＶ（顧客生涯価値／顧客が将来にわたり売り手にもたらすと予測される利益）が拡大し、企業の収益力改善にもつながっていくはずだ。

ケースメソッド

酒造メーカーC社

ターゲットエリア設定→ブランディング集中展開で成功

C社は九州地方に本社を置く焼酎醸造メーカーで、トップクラスのマーケットシェアを誇る老舗である。タナベコンサルティングが市場分析とブランディングサーベイを実施した結果、同社の主力銘柄は地元を中心に高い知名度を有している一方で、普及品というブランドイメージが強く、販売店主導の価格設定で付加価値が取りにくい傾向にあった。しかも九州における焼酎市場はすでに飽和状態にあり、これ以上の伸びは期待できないことが判明した。会社が成長していくためには九州圏外、特に東京・大阪などの大都市圏への進出を図るしかないという課題が浮き彫りになってきた。

そこで実施したのが、自社ブランドの既存イメージを刷新し、圏外での認知度や支持率を高めていくためのリブランディング戦略である。

まず、同社トップを含む社内メンバーとタナベコンサルティングによるプロジェクトでブランドコンセプトを策定した。創業以来の会社の歴史をひもとき、競合他社とのポジショニングマップなどの分析結果をもとにコンセプトをまとめた。コンセプトにおいては、焼酎造りの伝統を守りながらも常に時代のニーズを先取りし、新しい商品開発にチャレンジしてきた同社の本質的価値をキャッチコピーで表現した。

そしてブランドアイコン（ブランドの価値観を象徴するような商品）として、メインブランドではなく、海外での評価に比べ国内の知名度が低かったプレミアムブランドをあえて起用し、ブランドイメージをけん引する中心的な役割に据えた。

ブランドターゲットは九州圏外の女性客に狙いを絞り、三〇歳代のOLを想定したペルソナ（架空の典型的ユーザー像）で属性を具体化し、カスタマージャーニー（顧客の商品認知から購入・利用に至る過程）によって購買行動を分析した。また、まずは地理的に比較的近い大阪をターゲットエリアとして設定した。

ブランドベネフィットでは、既存の焼酎銘柄にはないカジュアル感と飲みやすさを示すため、プレミアムブランド商品をベースに使ったさまざまなカクテルを開発。C社が提携したビアスタンドで試飲キャンペーンを行い、好評を得た。

ブランドキュレーションとしては、新たなブランドイメージを具現化したキービジュアル（メインのイメージ画像）に基づき、キャンペーンロゴや広告グラフィックを制作。また、ブランドマネジメントやインナーブランディングの一環として、製造現場の社員を中心に社内研修を先行で実施した。

そしてアウターブランディングにおいても、さまざまな施策をブランディングカレンダーで計画し、実行した。例えば、地下鉄での広告ジャック、大阪駅前広場の無料サンプリング、FMラジオ放送局の協賛イベントへの出展、カプセルトイでのブランドグッズ、アニメコラボ、居酒屋での販促支援、屋台バーによるカクテル提案などである。

自社ブランドを「知る」「体験する」ことに主眼を置いたブランディングで、タナベコンサルティングをはじめ多くの外部パートナーと協力しながら進めたこの企画は、SNSを通じて広く拡散され、よりインパクトを与えることになった。特に、ターゲットエリアの大阪での反響は大きく、九州圏外攻略の手応えをつかむことに成功した。また、若手社員を巻き込んだプロジェクト形式での取り組みを通じて、組織の活性化にも貢献した。これはまさに、本格的な焼酎をカジュアルに楽しめる新たなナンバーワンブランドづくりの成功事例といえるだろう。

04 ブランドコミュニケーション

課題 事業・商品の認知度が低い

対策 ブランドプロモーションの抜本的見直し

アウトプット／成果 新規見込み客の獲得と顧客満足度の向上

厳しい環境下で勝ち抜くためのブランドプロモーション

ブランドプロモーションとは、「ブランド価値を磨き、発信して売上げにつなげる、現場寄りのマーケティング戦略」のことである。具体的には、ブランド認知度の向上により見込み客の獲得と競合他社との差別化を図るとともに、顧客満足度向上を通じてロイヤルカスタマーを育成するといったことである。

すなわち、自社のブランド価値や強み、魅力などといった「本質的価値」を、自社の課題を解決するためのターゲットユーザーである「真の顧客」へ、プロモーションとコミュニケーションを駆使して「届け続ける」ことである。市場での競争優位性を確保するブランドプロモーションは、この掛け合わせがポイントとなる。

一方、企業はブランド価値の発信において、大きく次の三つの課題と直面している。一つ目が、コロナ禍による人々の価値観の変化である。新型コロナウイルスのパンデミック以降、社会全体の判断基準や嗜好、行動が大きく変化した。そのため顧客の意識動線・行動動線を捉えることが容易ではなくなっている。二つ目が、人口減少と少子高齢化による内需の縮小。既存のビジネスモデルの延長線上のままでは競争力が低下する一方である。そして三つ目が、コモディティー化（商品価値の陳腐化）の加速だ。生産技術の向上などにより商品価値の同質化が進み、消費者にとって商品選択基準が市場価格や数量に絞られてしまう。よって商品の付加価値が相対的に低下し、安物化していく。

これら三つの課題に加えて、環境変化のスピードは速く、市場環境もいっそう厳しさを増している。そうしたなかで、企業が持つブランド価値の向上が、顧客との長期的な信頼関係の構築につながるとして、ブランドプロモーションの手法が注目を浴びている。

企業が生き残るための「ブランド価値」。そのブランド価値を高めるカギとなるのが、「専門」「人材」「社会」という三つの視点で企業価値を捉えることである（78ページ、**図表2-5**）。これらによりブランド価値をしっかりと整理し、固有のものとしていく。

ブランドプロモーションメソッドの四つのポイント

ブランド価値は一貫性を持って構築し、全体のイメージを統一していくことで固まっていく。その一連の流れのポイントは次の四点である。

①ブランドコンセプトの構築

ブランドの根幹を成すものを確立する。目指す世界観や価値観の表現を、独自性、必然性、普遍性という三つの視点で設計していく。

②ブランドターゲットの設定

一般的には「ペルソナ」と呼ばれているものである。ブランドの象徴となる顧客で、属性、プロフィール、行動特性などを細かく設定していく。個人だけでなく、法人においても設計することが肝要である。

③ブランドベネフィットの明確化

ブランドが与えるベネフィット（本質的価値）を、機能的・感覚的・体験的な要素を組み合わせて設計する。

④ブランドリソースの棚卸し

ブランドにかかる自社の資源を棚卸しして整理し、イメージに統一感を持たせる。これらを順序立てて行い、顧客視点から自社の本質的価値、ブランド価値を明確にする。

自社の本質的価値、ブランドイメージが固まったら、ブランドプロモーションの設計を行う。その場合、場当たり的にいきなり実施するのではなく、目的やターゲットに合わせて、しっかりとブランドプロモーションを設計してから実行に移る。

ブランドプロモーションの設計

ブランドプロモーションの設計にあたり、まずは自社のマーケティングファネル（顧客の商品認知～購入までのプロセス）を設計することから始める。ビジネスの取引形態としては、BtoB（企業間取引）、BtoC（企業・消費者間取引）、CtoC（個人間取引）などがあり、それぞれでファネルは変わる。一例として、BtoB企業におけるファネルの例（**図表2-7**）を紹介する。ここでは、潜在顧客への認知拡大から見込み顧客を顕在化（獲得）し、そのなかから有望顧客を育成し、営業商談から受注へつなげ、その後「リピート・ファン化」にまで関係性を深めていく。この一連の流れ、独自のマーケティングファネルを、自社の言葉でしっかりと設計する

図表2-7　プロモーションメニュー・ツールの設計(例)

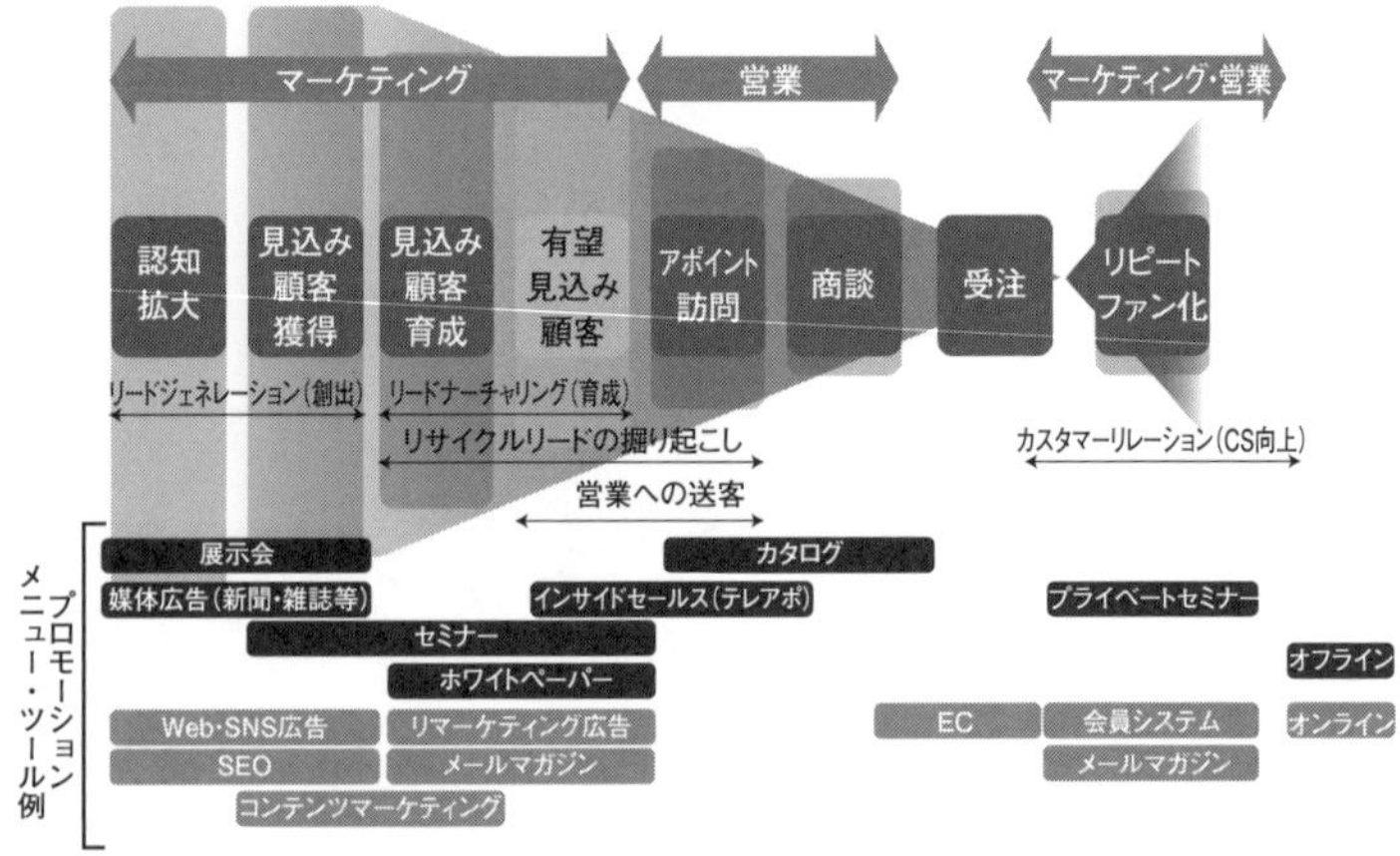

ことが重要である。

自社のマーケティングファネルが設計できたら、次はファネルのポイントごとに、「本質的価値」を届け続けるためのプロモーション、コミュニケーションのメニュー・ツールを設計する。ここではオンラインとオフラインとを多岐にわたって組み合わせることで、さまざまなターゲットとのタッチポイント（顧客接点）を増やしていくことができる。

特に、昨今は「共感・共創を呼ぶリアル×デジタル」というハイブリッド型ブランドプロモーションによる新規顧客創造が大きなテーマとなっている。目まぐるしく変化する社会課題や顧客課題を的確につかみ、自社のブランディングおよびプロモーション活動をリアルとデジタルの融合により進化させることが重要である。

設計が完了したら、ここからが本当の勝負である。

ファネルのどこのポイントに自社の課題があるのかを見極め、それを解決するための「真の顧客」を見つけ出し、自社の価値、ブランドのコンセプト、ベネフィットを届け続けるプロモーションをかけていく。プロモーションにおいては、それぞれのメニュー・ツールを一覧性のあるアクションプランに落とし込む。具体的には、ターゲット、タスク、成果目標、実行時期など、ライン・スタッフ全員が共有できるシート（年次、月次）を作成すると有効である。

誰に、何を、どのように伝えるか。何度も打ち手を変え、試行錯誤し続けていくことで、着実に成果へとつなげていただきたい。

ケースメソッド

電気機器メーカーD社
コロナ禍で営業機会が減少→オンラインでの引き合い率向上

デジタルマーケティングの技術は急速に進化し、顧客の購買行動も大きく変化した。BtoBの領域においても例外ではない。とりわけ二〇二〇年に起きた新型コロナウイルス感染症拡大によって、企業規模・業種を問わず従来型の営業活動（テレアポ・DM・展示会・飛び込み営業など）からの脱却を半強制的に迫られ、デジタルマーケティングを実装することが避けられない環境となっている。しかし、デジタルマーケティングを効果的に実践している企業は少なく、従来型の営業活動をデジタルに置き換えただけの企業が多いのが現状である。

とはいえ、デジタルデータを活用したマーケティングのメリットは大きい。ツールや技術も強烈なスピードで進歩している。デジタルマーケティングを推進する目的と必要性を社内で共有したうえで、既存の営業部門が持つ機能や役割と、デジタルマーケティングの導入によって実現できる機能や役割を明確化し、自社オリジナルの新たなマーケティングモデルを目指すことが重要だ。次に挙げるのは、ＢtoＢ企業におけるデジタルマーケティングの有用性を示すものである。

Ｄ社は、自動制御装置の設計・製造から販売、アフターサービスに至るまですべて社内一貫体制で行う企業である。同社は、二〇二〇年以降の新型コロナウイルス感染症の拡大の影響により営業機会が減少したことを踏まえ、デジタルマーケティングを活用した新たな顧客創造モデルを模索した。そこで同社は、従来型営業の課題となっていた新規見込み顧客へのアプローチの強化と、顧客化・案件化に向けた育成（ナーチャリング）について、次のような施策へ重点的に取り組んでいる。

具体的な実践内容としては、「デジタルプロモーションの確立によるオンラインでの引き合い率の向上」を目的に、これまで獲得してきた新規の見込み客に対して伝えきれていなかった自社製品の魅力や、顧客にとっての価値（製品の有用性や差別化ポイント）を積極的に発信している。例えば、自社の特設ページを制作して集客に向けたＷｅｂ広告を出稿。ターゲットの設定においては、すでに自社に興味・関心を持っている、購買意欲が高めの層を選定した。

テストマーケティング段階におけるWeb広告出稿分析は、「広告経由のCV（コンバージョン）数」と「媒体別獲得ユーザー数」「地域」「性別や年齢」などを中心に実施した。性別セッション（そのサイトに訪れてくれた回数）では男性が約二〇〇回、また年齢別セッションでは三五～四四歳が八〇回、四五～五四歳と六五歳以上がそれぞれ約四〇回ずつと、同社が設定したターゲット層と関連性の高い属性の集客を実現。今後のマーケティング戦略の指針づくりに役立てている。

また、単に自社製品をPRするのではなく、「モノ売りではなくコト売り」という自社の強みの訴求や商品開発ストーリーなどを積極的に打ち出すことで、競合他社の広告との差別化を実現。新規受注の増加や新たな需要喚起につながっている。さらに、オンラインセミナーの実施やWeb広告運用などの施策に対するPDCA体制の構築に加え、リアル営業との連動強化によって創出された案件に対して「的確なアプローチ」と「機会損失をしない」体制の構築を推進。営業部門の負担を下げつつ、確度の高い状態にまで案件化することで受注率の向上に寄与している。

05 デザイン経営

課題 デザインを経営に活用したい

対策 ブランド研究&市場動向に基づくデザイン設計

アウトプット/成果 デザイン活用によるブランド価値の最大化

「デザインプロモーション」とは何か

①デザインプロモーションの目的

初めに「デザインプロモーション」について説明しておきたい。企業が持つブランド価値を最大化するために、デザインの力を活用して〝ブランドの魅力〟を伝えるツールを企画・製作することを指す。その時々の課題や目的に合わせて最適なプロモーションを展開するのである。言い換えれば、「セールスプロモーション（販売促進）」の一部であるともいえる。

取り組むうえでの趣旨・目的としては、大きく次の三点が考えられる。

●購買促進（売上げ加速・拡大）につなげたい
●新規顧客を獲得したい
●リピート顧客（ファンづくり）の囲い込み

多くの企業は、競合他社と類似商品があふれる市場のなかでナンバーワンを目指すために、プレミアムグッズ（商品購入を促すための特典品）やノベルティーグッズ（宣伝目的の記念品）の開発、インセンティブ（販売活動を刺激するための報奨施策）や店頭ＰＯＰなどのプロモーションを展開している。いずれにせよ、これらを展開する際はツールのデザイン設計がブランドイメージと少しでも異なったり、あるいはブランドの背景をきちんと体現できなかったりすると、成功にはつながらない。

商品（製品・サービス）の魅力を正確に伝え、顧客の潜在ニーズを満たしたうえで購買行動につなげることが重要であり、そのためには手順を踏んだデザイン設計を行う必要がある。

②デザインプロモーションの領域

デザインプロモーションはマーケティング活動において、企業が抱える課題に対し設計・構築したプランをもとに、デザインの力を最大限に活用してツールの形でアウトプットし、課題解決につなげる手法を指す。すなわち、デザインを活用したツールは基本的にデザインプロモーションの領域ともいえるが、狭義に捉えれば「限定された領域をデザインで深掘りしていく」手法ともいえる。したがってデザインプロモーションは、あくまでセールスプロモーションの手法の一部であって、最終的に投下コストを回収する出口戦略（収益化）で発揮する領域になる。

例えば、タナベコンサルティングが手掛けたデザインプロモーション事例を挙げると、プレミアムグッズやノベルティーグッズの製作から店頭ＰＯＰ、什器、ポスター、パンフレット、チラシ、カタログなどの印刷物やオリジナルカレンダー、手帳、デジタルツールとして動画やキャンペーンＷｅｂサイトのデザイン設計・運用などがある。

③デザインプロモーションの大前提

エンドユーザーの購買意思決定の「決め手」として、デザインの力を活用した販促ツールを運用する。こうしたデザインプロモーションを進めるにあたって、事前に押さえておかなければならないことを整理する。

まずは、対象となるブランドをきちんと把握し、背景や世界観を理解する。そのうえで訴求ポイントをつかむことが重要である。また、次に挙げるデザインプロモーションの大前提が崩れていないかを見極めることも重要である。

〈前提条件〉

- 課題が明確であること（販売促進、新規顧客獲得、ファン育成など）
- マーケットの分析ができていること
- ターゲット層が明確であること
- 競合相手と自社（ブランド）のポジショニングが明確であること
- 対象商品（ブランド）の特長が確立されていること

これらが確立されていない場合、課題を洗い出すところから始める必要があるため、デザインプロモーションの手法は向かない。これらの前提条件を整えたうえで、〝ブランドの魅力を伝える〟ツールのデザインを設計していく。

デザインプロモーションの流れ

大まかな流れは、「（プロモーション対象の）ブランドの理解・考察」「与件（必要事項、前提条件）の整理」「ツールの選定とデザインの設計」となる。ちなみにタナベコンサルティングによ

図表2-8　ツール製作の流れ（例）

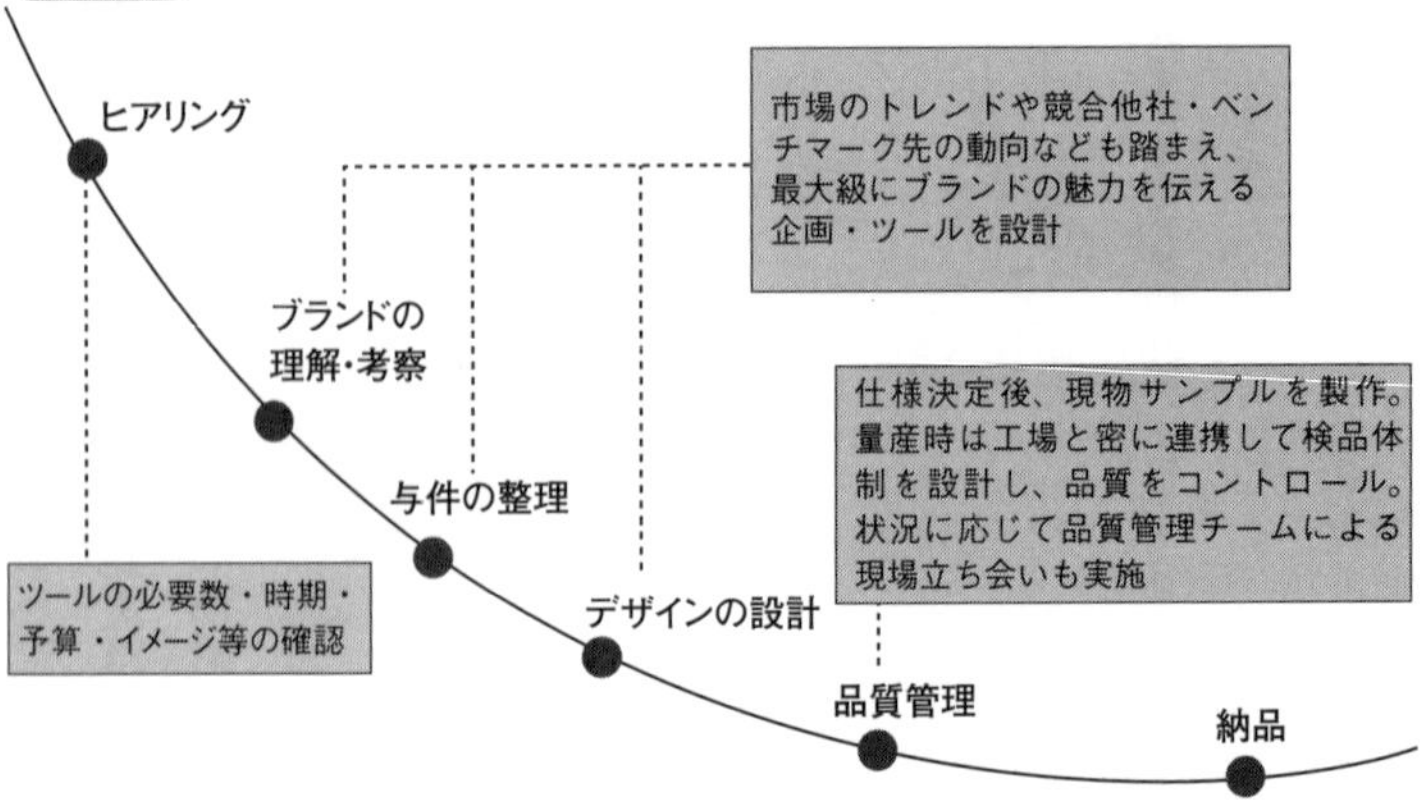

ヒアリング
ブランドの理解・考察
与件の整理
デザインの設計
品質管理
納品
市場のトレンドや競合他社・ベンチマーク先の動向なども踏まえ、最大級にブランドの魅力を伝える企画・ツールを設計
仕様決定後、現物サンプルを製作。量産時は工場と密に連携して検品体制を設計し、品質をコントロール。状況に応じて品質管理チームによる現場立ち会いも実施
ツールの必要数・時期・予算・イメージ等の確認

※ヒアリングから提案・仕様決定まで約2〜3カ月、納品リードタイムはデザイン校了後約60日を推奨

る支援コンサルティングのスケジュール（図表２-8）では、ツールの必要数や実施時期などをヒアリングして仕様を決定するまでに約二〜三カ月、納品リードタイムはデザイン校了後、約六〇日をめどに設定している（スケジュールはつど調整する）。

まずはブランド理解と考察を深め、販促の与件を整理したうえでツールを選定し、デザインの設計に移ることが重要になる。参考までに、タナベコンサルティングの支援コンサルティングにおけるプロモーションの流れとポイントについて述べていく。

①ブランドの理解・考察

タナベコンサルティングのコンサルタントが必要項目についてヒアリングを行い、その内容をもとにプロモーション実施企業と双方でブランドの理解を深めていく。具体的には、会社の歴史、ブランドコ

ンセプト、提供するベネフィット（便益）、ターゲット層、トーン＆マナーなどの項目ごとに洗い出しを行う。また、思いつく限りのキーワードを書き出しておくと、デザイン設計の際の判断材料になる。

②与件の整理

販促施策の現実的な条件項目を挙げることも必要である。この現実的な条件に合わせてデザインプロモーションを進めていくことになるからだ。次に挙げる項目は、初期の段階で固めておきたいものである。

- 予算
- テーマ
- 展開時期
- 施策内容
- 課題
- 展開方法

図表2-9　ツールの選択とデザインの設計

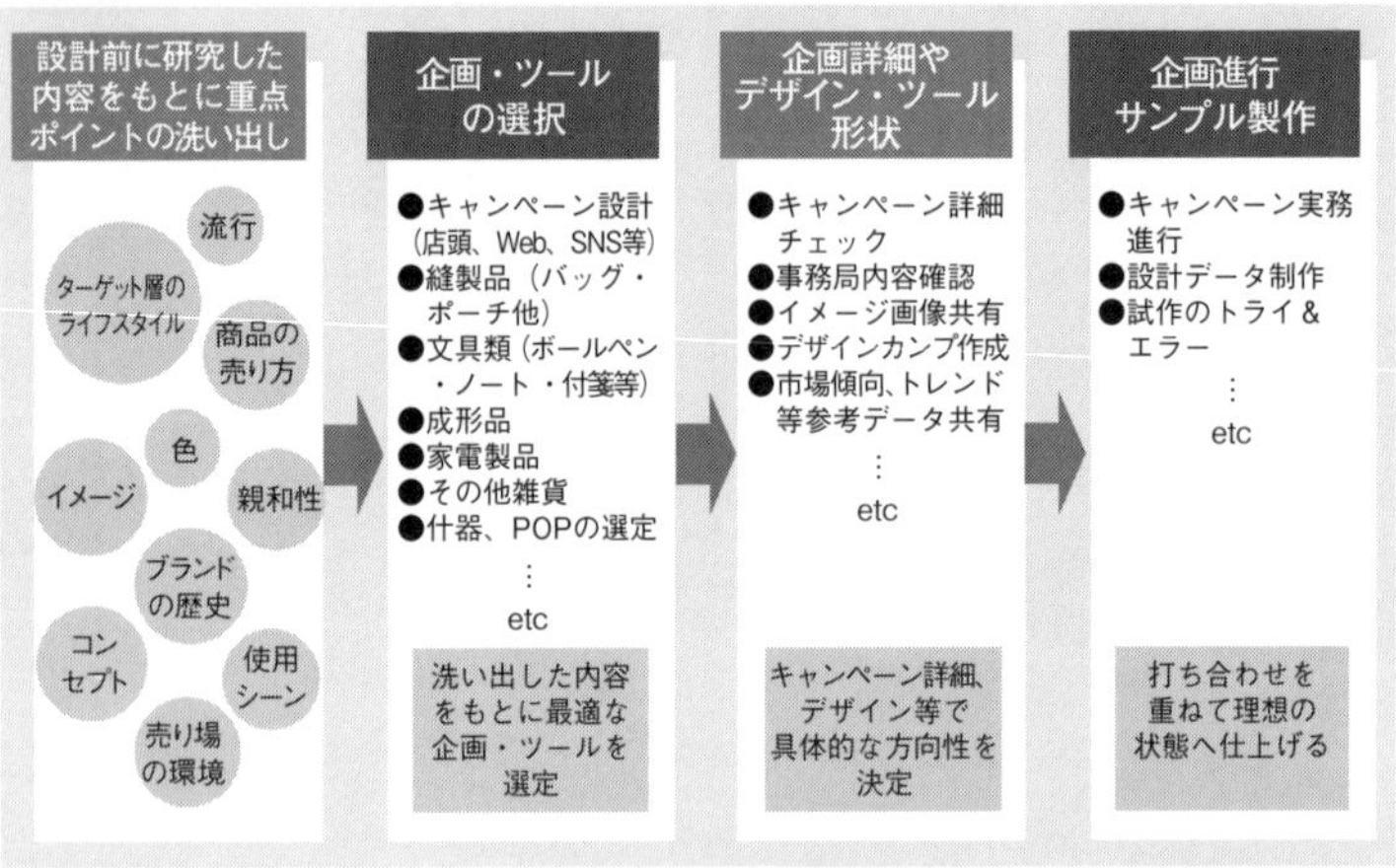

③ツールの選択とデザインの設計

与件の整理を終えたら、**図表２-９**の流れで進む。材料の洗い出しは、前述したように初期段階の「ブランドの理解と考察」時に実行しておくとスムーズである。その後、洗い出した材料をもとにターゲット層に響くツール案、デザイン案を設計する。

市場のトレンドや競合他社、ベンチマーク先の動向を踏まえ、「なぜ、そのツールなのか」「なぜ、そのデザインなのか」など最大級に〝ブランドの魅力を伝える〟ツールを選択する。そして選択後は、ツールのデザイン設計に移る。サンプル製作前にイメージ画像やデザインカンプ（仕上がり見本）などからイメージをすり合わせていく。素材の選定や細かい形状の修正、繊細なディテールにこだわることも必要なため、複数回の打ち合わせや修正、トライ＆エラーを繰り返してサンプルを製作する。双方の意見や時にはターゲット層を対象にしたアンケート調査を行いながら、理想形に仕上げていく。

なお、タナベコンサルティングでは国内外を問わず八〇〇社以上のパートナー企業と連携し、「課題解決」という観点から最適なツールを選択している。成形品、縫製品、電気品、木工品、アクリル品、金属品、革製品、印刷物など多岐にわたり、製造工場では品質管理スタッフが生産管理・検品立ち会いを実施。海外現地工場に対する細やかなハンドリングも可能だ。品質管理から納品後のアフターフォローまで一貫した支援を展開できることが強みである。

ケースメソッド　不動産開発業E社
社員用エコバッグ製作→社内のサステナブル意識向上

携帯エコバッグを製作し、全社員に配布

東京の表玄関である「大丸有エリア」（大手町・丸の内・有楽町地区）をはじめ、全国の中核都市で不動産開発を手掛けるE社は、ビル事業、生活産業不動産事業、住宅事業、ホテル・空港事業、不動産サービスなど多彩な事業を展開する、日本を代表する総合デベロッパーだ。E社は近年、グループの経営理念の趣旨（グローバルな視野に立ちフェアな事業を通じて社会に貢献する）に基づき、街づくりを通じたサステナブルな社会の実現に取り組んでおり、二〇二〇年に

は大丸有エリアでＳＤＧｓの目標達成に向けた活動をスタートさせた。

その一環として、二〇二〇年七月にプラスチック原料のレジ袋有料化が義務付けられたのを機に、同社では携帯用エコバッグを製作して全社員に配布した。エコバッグを通じて、社員に環境意識をよりいっそう高めてもらうという社内意識改革を促すインナープロモーション（社内プロモーション）が目的であった。タナベコンサルティングは、レジ袋有料化を義務化した「容器包装リサイクル法」改正前から、同社の趣旨と目指すべき方向性を踏まえたうえでエコバッグを企画提案しており、素材やサイズなどの選定段階から参画した。

特に意識したのは、男性社員向けのバッグである。女性社員については、もともとエコバッグなどを持ち歩く習慣があったが、男性社員はエコバッグを持つこと自体が習慣化されていない。そのため男性が携帯しやすいデザインが求められた。また、男性は女性に比べて食事量が多いため、ボリュームのある弁当も入る、ある程度の容量があるエコバッグにしたいという同社の意向もあった。

そこで、男性社員用エコバッグは、コンビニエンスストアの弁当購入時での利用を想定。社員の意見も取り入れながら、ユニセックスなデザインや色、コンパクトで折り畳みやすく、十分なマチを施すなど細部の設計までこだわった。こうした開発コンセプトが社員のニーズを捉えたようで、「使いやすい」「畳みやすく邪魔にならない」など評判も上々。多くの社員が愛用しているという。同社は大丸有エリアでのエコバッグ展開も視野に入れており、街中の随所にエコバッグを設置し、使用済みのバッグは回収してクリーニングを行い、リユース（再使用）できる仕組みを構築する計画が検討されている。

ラグビーW杯に協賛、応援グッズで海外観光客をおもてなし

E社は、日本中に感動と興奮を与えた「ラグビーワールドカップ２０１９日本大会」のオフィシャルスポンサーとして同大会をサポートした。大会開催期間中には、大丸有エリアにラグビー関連のユニークなオブジェを設置。丸ビルの外構部に「丸の内ラグビー神社」を建立するなど、街づくりを事業として展開する総合デベロッパーならではの応援を行ってきた。ラグビーの魅力と出合える仮想の街をインターネット上に開設し、ラグビーにちなんだメニューを開発した飲食店の紹介、ラグビーとビジネスをテーマに多彩なゲストが繰り広げるトークセッションなど、街に見立てた設計のサイト内でコンテンツを充実させた。

ラグビーワールドカップでは、全国の試合会場に同社のブースを設置し、ラグビーの応援グッズを観客に配布した。タナベコンサルティングもイベントを盛り上げるアイデアやプロモーション商材の供給、また会場ブースでの集客支援などを行った。特にグッズ製作においては、ハチマキと筆ペンが海外からのラグビーファンに大人気となった。ハチマキは、E社が手掛け

た全国各地のランドマーク的な建物や、日本を象徴する富士山などのイラストが描かれたデザインが特徴。日本の文化を体験してもらおうと自分の名前を書くための筆ペンもセットで配布し、ハチマキはインクがにじまないよう生地の織り構造から工夫した。試合会場を訪れた外国人ファンらが、ブースのスタッフに教えられた自分の名前の漢字の当て字を自筆して盛り上がる光景が多く見られた。

同社は、都市開発からラグビー普及・発展に至るさまざまな活動を行うなかで、デザインが持つ力を活用しながら、サステナブルで魅力ある豊かな社会の実現を目指していく考えだ。

第３章

DXモデル

06 DXビジョン

課題 DXが部分的な「デジタル活用」の域を出ない

対策 企業の質的変革を目指すDXビジョンの策定

アウトプット／成果 DXによる競争優位性の獲得と持続的成長の実現

DXビジョンが求められる背景

デジタルテクノロジーが、これまでの技術革新をはるかに上回るペースで急速に普及している。米国の調査会社（マーケッツアンドマーケッツ）のデータによると、世界のDX（デジタルトランスフォーメーション）の市場規模は、二〇二一年の五二一五億米ドルから、二〇二六年には一兆二四七五億米ドルへ拡大。CAGR（年平均成長率）は一九・一パーセントと見込まれている。

GAFAM（グーグル、アマゾン、フェイスブック、アップル、マイクロソフト）が世界のデジタル市場でその名を轟かせるようになったのはここ一〇～二〇年。テクノロジーの進化に伴い、デジタルディスラプションの可能性がないマーケットは、もはやどこにもないといえるだろう。このような環境において、DXは競争力強化に不可欠な戦略といえる。しかし一方で、既存システムの壁に阻まれることが多いのも事実だ。デジタル部門を設立したり、バリューチェーンからかけ離れたデジタル商品の開発を行ったりしていても変革は実現できない。

DXを通じて何を実現したいのか。一時的な取り組みではなく、DXを軸とした企業のあり方を変革し、目指すべきゴールを設定することが重要である。これとともに、ビジネスモデル、バリューチェーン、顧客関係、企業文化も含めた全社改革としてのロードマップの策定、そして回収計画も視野に入れた蓋然性の高い投資計画の策定が今、求められている。「何からやるのか」の前に、「DXを通じて何を実現したいのか＝DXビジョン」を描き、「ビジョンとオペレーションをしっかりとつなぐ」ことが重要なのである。

DXビジョン策定の手順

DXはあくまで手段もしくは前提であり、目的ではない。目的はさらなる事業成長にほかならない。それを踏まえたうえで、DXの実践の核とすべきは、「なぜデジタル化しなければならないのか」「デジタル化を進めて自分たちがどのようになるのか」という未来に向けた問いに答えられる「ビジョン」である。なぜなら、このビジョンが中核にあることで、すべての取り組みや行動に共通する一貫した意図が関係者に伝わり、賛同・協力を得ることができるからである。

ビジョンは、組織の将来像や目指す姿、未踏の目標といえる。それはおおよその経営方針や、いつまでにどれだけの利益を計上するといった中長期の計画ではない。そして、このビジョンを絵空事としないためにも、ビジョンの策定はできる限り自らの企業としての強みを土台にすることが望ましい。

策定したビジョンを実現するためには、いつまでに何を達成し、今何をするべきかのロードマップを考えなくてはならない。このような、目標となる未来を起点に、現在を振り返る考え方を「バックキャスト」という。ビジョンを実現するためのDX実践へ向けて、具体的な戦略や計画を立案し、いつまでに、どのような状態になっていたいか、ロードマップ上の目標を考えるのである。これらの目標を一般的に「マイルストーン」と呼び、これは複数設定されていることが望ましい。

DXにおけるロードマップやマイルストーンは、一度決めたら絶対に変えてはいけないというものではない。世の中の市場の変化や技術の変遷に合わせて、ビジネス上のニーズも時々刻々変化していくため、ロードマップやマイルストーンもそれに合わせて随時見直し、常に最適化・修正をしながらビジョンに向かっていくべきであろう。

四つにセグメントされるDX

タナベコンサルティングでは、経営の主要素「事業」「経営システム」「人」の観点から、DXを四つの領域に分類している。事業領域のDXである「ビジネスモデルDX」と「マーケティングDX」、経営システムのDXである「マネジメントDX」、そして人のDXである「HR（ヒューマンリソース）DX」だ。

①ビジネスモデルDX

ビジネスモデルDXとは、デジタルディスラプションの考え方を軸に、「業界構造が変わり得る製品・サービス」を開発・提供すること、またはそのような製品・サービスに対応する事業戦略を策定・推進することを指す。

②マーケティングDX

マーケティングDXとは、デジタル技術を活用しマーケティングプロセス（売れる仕組み）を変革することで競争優位性を確立することを指す。ここで注意すべきは、デジタルマーケティングとは異なるということだ。デジタルマーケティングは、ＳＮＳやＷｅｂサイトなどデジタルツールを用いたマーケティング手法である。これに対し、マーケティングＤＸは、開発、価格、流通、プロモーションなど広義のマーケティングプロセスをデジタル技術で変革し、競争優位性を生み出すことである。

③マネジメントＤＸ

マネジメントＤＸとは、デジタルツールを活用し、定型業務・非付加価値業務の効率化を図るとともに、付加価値へ転換可能な情報資産の蓄積と情報に基づくスピーディーな経営判断の実現を図ることを指す。

マネジメントＤＸには、三つの要素がある。一つ目が、ＥＲＰ（統合基幹業務システム）の導入やＲＰＡ（ロボテック・プロセス・オートメーション）による自動化、そして、その導入のための業務の可視化、改善による業務効率化である。業務効率化による非付加価値業務の削減が目的となり、多くの企業はバックオフィス系の定型業務を中心に取り組んでいる領域である。二つ目が、ＥＲＰなどで効率よく一元管理された情報に基づき行われる「ダッシュボードマネジメント」である。リアルタイムに精緻な情報が収集・可視化され、その情報をもとにスピーディーな経営判断を行うことが目的となる。三つ目が、収集された情報を日々の経営判断に活用するだけでなく、社内ナレッジとして蓄積するなどの「情報資産の蓄積」である。蓄積したナレッジを、新たな付加価値の創出に活用することが究極のゴールであろう。

④HRDX

HR（ヒューマンリソース）DXとは、人事に関わるデータの解析を通して、人材活躍に向けた仕組みの最適化を図ることを指す。デジタルツール（HRテック）を用いた採用管理や人事評価など人事業務全般の効率化を図ることとは異なる。つまり、単なる業務効率化のためではなく、得られた情報をもとにピープルアナリティクス（分析）を行い、適正な人材配置や効果的な育成、適正人材の採用など、戦略的に人的資本管理を行うことになる。

これらの四つの領域は、DXビジョンを策定する際に活用する。

DXビジョン実現のためのロードマップ

DXビジョンの策定プロセス（図表3-1）は、大きく三つのフェーズに分けることができる。まずフェーズⅠでは、現状の経営課題とシステム活用状況を把握・分析する。タナベコンサルティングでは現状の経営課題とシステム活用状況を把握・分析する。またタナベコンサルティ

図表 3-1 DXビジョン策定のプロセス

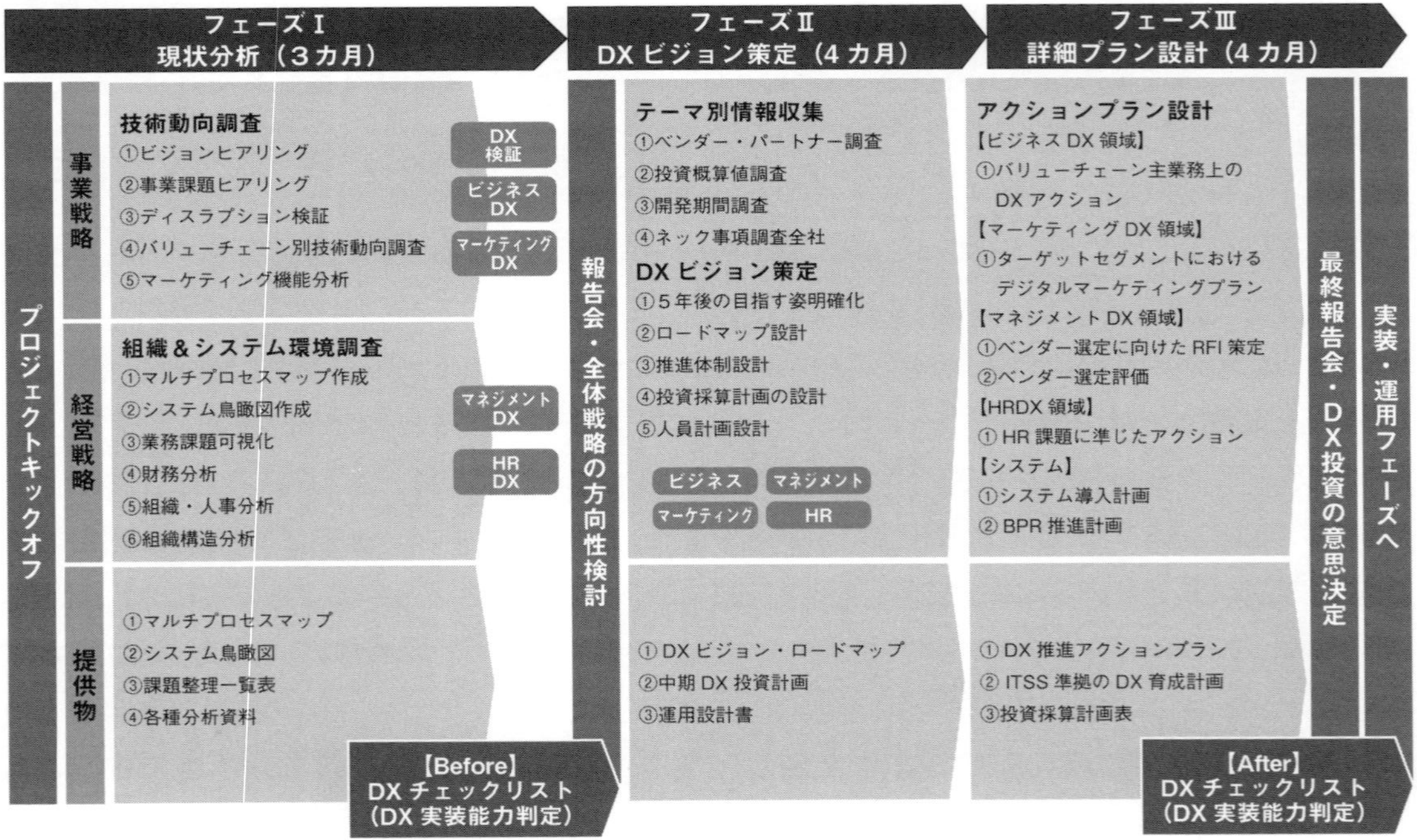
フェーズⅠ
現状分析（3カ月）
フェーズⅡ
DX ビジョン策定（4カ月）
フェーズⅢ
詳細プラン設計（4カ月）
プロジェクトキックオフ
事業戦略
経営戦略
提供物
技術動向調査
①ビジョンヒアリング
②事業課題ヒアリング
③ディスラプション検証
④バリューチェーン別技術動向調査
⑤マーケティング機能分析
DX
検証
ビジネス
DX
マーケティング
DX
組織＆システム環境調査
①マルチプロセスマップ作成
②システム鳥瞰図作成
③業務課題可視化
④財務分析
⑤組織・人事分析
⑥組織構造分析
マネジメント
DX
HR
DX
①マルチプロセスマップ
②システム鳥瞰図
③課題整理一覧表
④各種分析資料
【Before】
DX チェックリスト
（DX 実装能力判定）
報告会・全体戦略の方向性検討
テーマ別情報収集
①ベンダー・パートナー調査
②投資概算値調査
③開発期間調査
④ネック事項調査全社
DX ビジョン策定
①5年後の目指す姿明確化
②ロードマップ設計
③推進体制設計
④投資採算計画の設計
⑤人員計画設計
ビジネス
マネジメント
マーケティング
HR
①DX ビジョン・ロードマップ
②中期 DX 投資計画
③運用設計書
アクションプラン設計
【ビジネス DX 領域】
①バリューチェーン主業務上の
DX アクション
【マーケティング DX 領域】
①ターゲットセグメントにおける
デジタルマーケティングプラン
【マネジメント DX 領域】
①ベンダー選定に向けた RFI 策定
②ベンダー選定評価
【HRDX 領域】
① HR 課題に準じたアクション
【システム】
①システム導入計画
② BPR 推進計画
①DX 推進アクションプラン
② ITSS 準拠の DX 育成計画
③投資採算計画表
【After】
DX チェックリスト
（DX 実装能力判定）
最終報告会・DX投資の意思決定
実装・運用フェーズへ

ングでは独自のＤＸチェックリスト（図表3‐2）を使用して、定性・定量診断による現状の取り組みの可視化を行っている。さらに、ヒアリングにより、技術動向調査や組織・システム環境調査を行うことで、企業を客観的に構造分析して現在地を明確にする。この分析結果をもとに、フェーズⅡでは企業の事業ビジョンに即したＤＸビジョンを策定する。ここでは五年後の目指す姿を明確化し、自社のＤＸの方向性を示す。さらに四つの切り口ごとにロードマップを設計し、推進体制、投資採算計画、人員計画の設計まで落とし込んでいく。そして、フェーズⅢではＤＸビジョンに基づき、具体的な行動計画であるアクションプランを設計し、実装・運用フェーズへと進めていくのである。

ＤＸと最も向き合うべきは経営者自身

昨今、ＤＸビジョン策定やＤＸ推進に取り組む企業は増加しているが、ＩＴ部門や次世代メンバーへ委任しているケースが散見される。しかし、ＤＸビジョンは経営ビジョンにほかならない。これだけでも、ＩＴ部門に委任することがいかに難しいかがわかるだろう。また、経営ビジョン策定とＤＸビジョン策定の大きな違いは、ビジョン実現に向けて継続的な投資が必要となる可能性が高い点である。

つまり、経営者自身がＤＸとそれに伴う市場変化の可能性を最も理解していなければ、投資

図表 3-2 DXチェックリスト

テーマ	レベル1 DX 未着手	レベル2 DX 実装の前段階	レベル3 コスト・リスクの最小化	レベル4 収益の最大化	レベル5 企業価値の最大化
ビジネスモデル DX【製品・サービス】	情報収集機能なし	ディスラプション検証	ディスラプション対策	デジタルサービス・製品の展開	ディスラプション実行
	デジタルディスラプションのリスクが明確化されていない状態	自社のデジタルディスラプションのリスクを明確化し、定期的な検証を行っている状態	デジタルディスラプションのリスクに対する対策を戦略に組み込めている状態	デジタルディスラプションを見据えた、デジタルサービスまたはテクノロジーを実装した商品を展開している状態	現在の市場に対してデジタルディスラプションを起こすビジネスモデル変革を実行している状態
マーケティング DX【営業・広報・商品開発】※バリューチェーン含む	販売戦略なし	販売戦略あり	マーケティング業務の効率化(非効率アプローチ削減)	デジタルマーケティング実施(顧客育成最適化)	マーケティングプロセスの変革
	中長期的な販売戦略が策定されていない状態	中長期的な販売戦略が策定・推進されている状態	デジタルツール・データ管理を通して、非効率なアプローチの削減に取り組んでいる状態	インターネットやITなどデジタル技術を活用したマーケティング手法を実行している状態	デジタル技術を活用し、マーケティングプロセスを変革し、競争優位性を確立している状態
マネジメント DX【経営・システム・業務全般】	紙文化	デジタル化	業務効率化実現	ダッシュボード経営	情報資産の付加価値化
	情報管理や情報伝達が紙で行われている状態	情報管理、情報伝達がデジタル化されている状態	業務プロセスが最適化され、自動化等のデジタル技術を活用し業務効率化が図られている状態	必要な情報がリアルタイムで閲覧でき、スピーディーな経営判断やマネジメントが実現できている状態	自社へ蓄積した情報資産をビジネスモデル DX・マーケティング DX と連動して、付加価値への転換をしている状態
HRDX【組織・人事】	人材戦略なし	人材戦略あり	HR テックを活用した人事業務の効率化	データを活用した人材マネジメントシステム実装	データサイエンスを用いた組織戦略の策定・施行
	事業戦略と連動した中長期的な人材戦略が明確化されていない状態	事業戦略と連動した中長期的な人材戦略が明確化され、実行に移されている状態	デジタル技術を活用し、人材情報の可視化と業務効率化が実現している状態	人事データをもとに、現場のマネジメント層へのフィードバックが行われ、最適なマネジメントの仕組みがつくられている状態	人材に関するデータを複合的に解析し、人材配置や制度設計などあらゆる組織戦略の施策へ落とし込めている状態

の意思決定ができず、ＤＸビジョンは必ず形骸化する。それどころか、ＤＸに対して健全な危機感を持っている次世代メンバーと、それを理解できない経営者の間でギャップが生まれ、有望人材の離脱にまでつながるリスクが考えられる。

ＤＸに関する理解がないということは、数年後のビジネスに対する理解がないということだといっても過言ではない。もし、「デジタルに詳しくない」という理由でＤＸビジョン策定をＩＴ部門や次世代メンバーに委任している場合、最初に変わらなければならないのは経営者自身といえるだろう。

07 営業DX改革

課題 トップライン、営業活動を抜本的に見直したい

対策 営業のデジタルシフトで〝ハイブリッドマーケティング〟へ

アウトプット／成果 営業活動の人時生産性が一気に向上

コロナ禍で一変したセールス環境

「Web会議でいいですよ」。二〇二〇年に発生した新型コロナウイルス感染症の拡大で、日本国内のセールス（営業・販売）環境は一変した。濃密な人間関係を背景とした「顧客密着型営業」と長年培った経験と勘で、トップセールスの道をひた走ってきた営業パーソンは今、デスクと向き合いながら何を考えているだろうか。

コロナ禍により、セールスという職務は「直接面談」「リアル展示会」「飲食接待」ができる機会に制限がかかり、デスクワークや電話営業に割く時間が増えた。「デジタルマーケティン

グ」や「インサイドセールス」「マーケティングオートメーション（MA）」などの言葉が社内を飛び交う一方で、ついていけないベテランの営業パーソンを横目に、若手が「この会社はダメだ」と見切りをつけて会社を去っていく。

確かに、デジタルツールを使えば商談でクロージング（契約締結）をすることは可能だ。それはすでに証明されているのだが、生身の人間との折衝に必要性も感じている。コロナ収束後を見据えたとき、自社に適した営業手法がわからない——そんな企業が増えている。

法人営業担当者を対象としたインターネット調査（ハブスポット・ジャパン調べ、二〇二三年）によると、買い手側が考える好ましい営業スタイルとして「訪問・リモートどちらでもよい」が三七・九パーセントにのぼり、「訪問型営業の方が好ましい」（三九・六パーセント）とほぼ同水準だった。二〇一九年の同調査では「訪問型営業」の割合が半数を超えていた（五三・七パーセント）ことから、コロナ禍でリモート営業に対する抵抗感が薄れたことがわかる。一方、売り手側は「訪問営業が好ましい」と考える人の割合が五八・四パーセントと年々増加しており、コロナ感染の落ち着きとともに従来型の訪問営業に戻す動きもある。ただ、いまやWebサイトから意思決定に必要なほとんどの情報を獲得できるなかで、挨拶がてらの訪問や新商品の説明といった情報提供一辺倒の汗かき営業スタイルは、（業界にもよるが）時代遅れになりつつある。

一〇年後、おそらくセールス環境は今以上に自動化され、「営業職」という役割・タスクも現在とは様相が大きく変化していることだろう。しかし、経営学者P・F・ドラッカーのいうように「事業の目的は顧客の創造である」。顧客の創造（受注）なくして企業の利益はない。変化を受け入れられない企業は淘汰され、一〇年後の業界プレーヤーのポジショニングマップは現在と違った姿になっていることも想像に難くない。

未来はすでに始まっている。では、何をすればよいのか。まず、営業のデジタルシフトが〝うまくいかない〟場合の三つの壁を次項で紹介する。

「変わりたいけど変われない」営業のデジタルシフトを阻む三つの壁

営業のデジタルシフトは、マーケティングに特化したWebサイトやデジタルツール、インサイドセールスといった「仕組み」をつくり、運用することで成果を発揮する。しかし、多くの企業は変化すべき項目、内容はわかっていても、成果である「受注」につながっていない。その要因をひもとくと、次に挙げる三つの壁にぶつかっていることが多い。

①バイアスの壁

BtoB企業に対して「営業のデジタル化」を提案すると、営業部門が「このままの売り方で問題ない」「お客様のことは自分たちが一番よくわかっている」といった反発を受けることが多い。これがバイアス（先入観）の壁である。営業側からすると、ＢtoＢの商材はスペックやサービスが複雑であり、受注・販売においては営業パーソンによる丁寧な説得が必要と考えている。こうした先入観や偏見がデジタルシフトを受け入れられない大きな理由になってしまう。営業側がこのスタンスのままだと、たとえデジタルシフトを進めても獲得したリード（見込み情報）は生かされず、デジタル投資がムダに終わってしまう。まずは「今のままの売り方では、デジタルシフトに着手したライバルに後れを取り、Ｗｅｂ商談に慣れた顧客が離れていくリスクがある」との〝健全な危機感〟を持つ必要がある。

②一元管理の壁

デジタルシフトを推進する場合、Ｗｅｂサイト制作、広告運用、ＳＥＯ（検索エンジンの最適化）、ＭＡツールなど、これまで扱ったことがない分野を外部パートナーに依頼し、社内の担当部署は最小限の人数で立ち上げることが多い。しかし、ここに一元管理の壁が存在する。情報を集約しようと専任担当を設けると、その専任担当者がデジタルマーケティングすべてのパートナーを管理することとなり、相当の知識とディレクション能力が要求される。その一方で、複数の担当者や部門にまたがってツールを分散管理させてしまうと、ツール間の連携がおろそかになり、ムダなコストや情報の抜け・漏れが発生する。全体と部分のバランスを取りながら、体制とパートナー管理の仕組みを整備できるかどうか。ここがデジタルシフトの成否を握るカギになる。

③短期目線の壁

デジタルマーケティングの〝本丸〟である「Webマーケティングサイト」は、潜在顧客を発掘し、育成するための中長期視点によるマーケティングシステムである。ところが、デジタル化を推進し始めた企業のなかには、ここを取り違えて、発生したリードをすぐに「ホットリード（受注確率が高い見込み客）」として営業パーソンにパスし、結果が出ないと「デジタルは成果が出ない」というレッテルを貼ってしまうことがある。いや、目的が違うのだ。ここを突破できない企業は、結果的に「うちにはやはりリアル営業が合っている」という結論に陥り、せっかく突破したバイアスの信奉者に舞い戻ることになる。

バイアスの壁、一元管理の壁、短期目線の壁は、営業のデジタルシフトへチャレンジする企業に多かれ少なかれ存在する。だが、リスクをおそれて着手しないままだと改革は推進できない。

「これまで経験したことがないことだから、多少の障害は仕方がない」くらいの気概で、まずはチャレンジしてみることが新たな顧客の見つけ方、売り方につながる。

営業のデジタルシフトで目指すべきもの

営業のデジタルシフトで何を実現すべきか。これまでの当たり前を変えるためには、「何を目指すのか」を明確にする必要がある。次に、営業のデジタルシフトにおける目指すべき姿の代表例を三つ挙げよう。

①売り込み営業から「待ち伏せ営業」へ

従来の営業スタイルが、訪問して顧客ニーズを喚起し、自社商品のセールスポイントを説く「売り込み営業」だとすると、営業のデジタルシフトで目指す姿の一つは「待ち伏せ営業」と表現できる。現在、顧客の購買活動はすでに変化している。ネットで自ら情報を収集し、能動的に発注している。そこで、例えば顧客が法人・企業であれば、顧客の資材購買担当者が物品購入の決裁書を起案しようとするタイミングで、社内提案しやすいコンテンツ（情報）をWebページの目につくところに配置する。

また、顧客が複数のサプライヤーを比較・検討しようとするタイミングでは、スペックの違いや価格比較表をすぐ確認できる場所に置いておく。顧客の動きを予測して、そこに「欲しい答え」を仕掛けておくイメージである。本来、このステップは営業パーソンが、商談が進むにつれて準備する「営業ツール」と「営業活動」でカバーしていることである。この〝待ち伏せ〟状態をＷｅｂページで実現することが、営業デジタルシフトで目指すものの一つである。

②営業生産性の向上

営業のデジタルシフトで目指すべきことの二つ目は、問い合わせや商談の件数に対する成約実績、すなわち営業生産性の向上である。顧客創造（受注）は、顧客の「ニーズ」と「タイミング」がともに高い状態で決まる。ニーズがいくら高くても提案するタイミングを外したり、タイミングが良くてもニーズの聞き取りが甘かったりすると、購入を見送られたり、競合相手に奪われたりして失注してしまう。営業生産性を向上するためにも、顧客が欲しい情報を、ちょうど良いタイミングで提供する必要がある。

営業のデジタルシフトによって、顧客のＷｅｂサイト上での動きやメール開封履歴などが可視化されると、「今、購入を検討している（かもしれない）」リードに対して、タイミングを逃さずにアプローチが可能となる。インサイドセールス部隊がリード情報を深掘りできれば「何に悩んでいるのか、どんな問題を解決したいのか」が見えるため、提案での仮説を外さなくなる。つまり、決まりやすくなるのだ。

図表3-3　従来の営業活動とコンテンツ化による効果（イメージ）

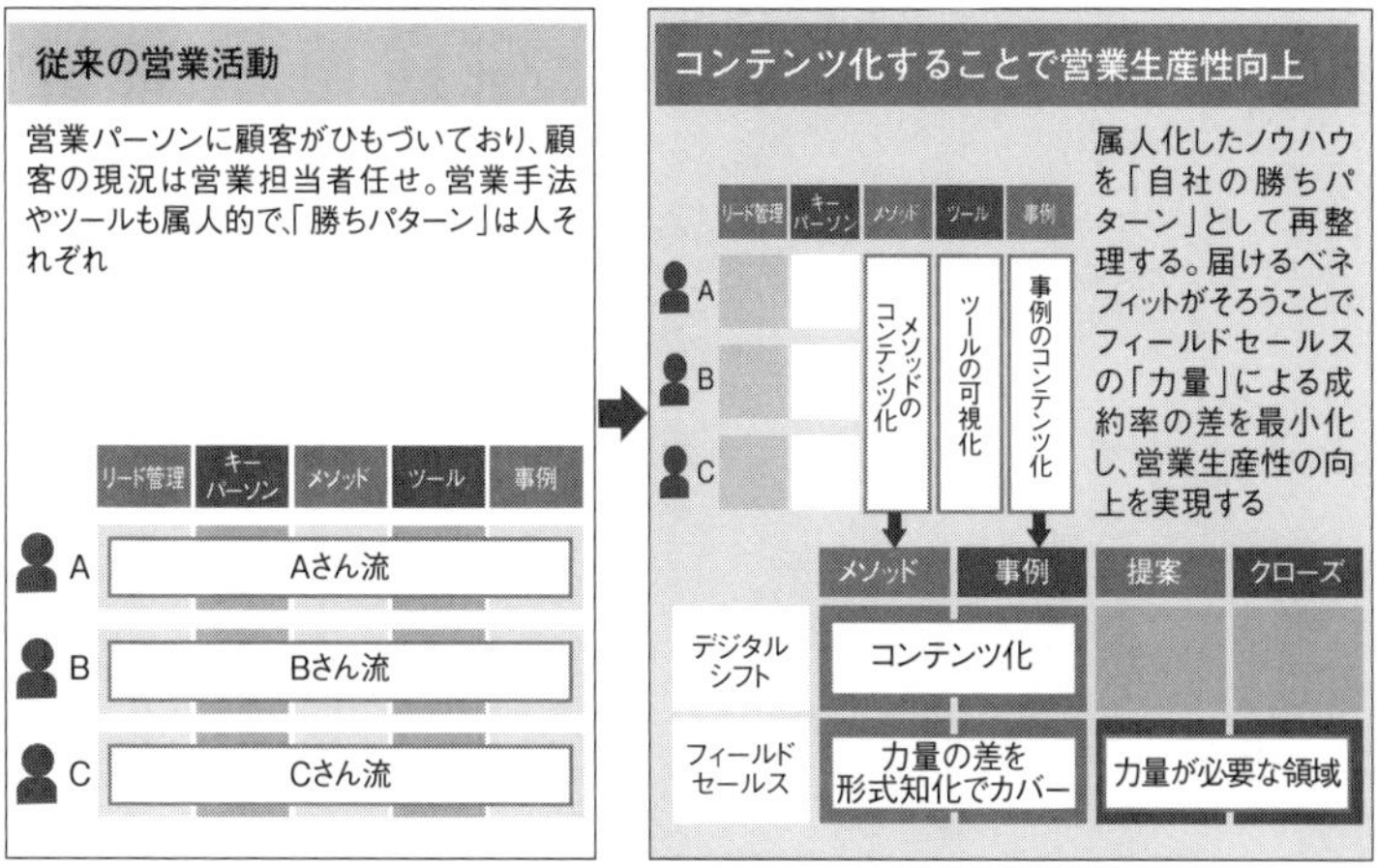

③暗黙知の形式知化

三つ目の目指すべき姿は、暗黙知の形式知化である。BtoB営業は前述の通り、複雑な製品・サービスを取り扱うケースも多く、営業のスタイル、キーパーソン管理、使っているツール、話せる事例などが営業パーソンによってバラバラ、つまり属人的になることが多い。営業のデジタルシフトでは、マーケティングサイトを構築する段階でこれらの情報を棚卸しして、事例や解決策を集約し、サイトに掲載する。つまり個人の技能だった暗黙知が、組織の形式知に進化するのである。ベテランの営業パーソンの〝卒業〟が、業績を押し下げるリスクになるような企業にとっては、この暗黙知の形式知化が営業の勝ちパターンの確立につながる。

営業のデジタルシフトを実現することで、自社のマーケティングメソッド、セールスメソッドが進化し、営業生産性が向上して、埋もれていた勝ちパターンの確立が一気呵成に実現することが期待される（図表3 - 3）。

ケースメソッド　サービス業F社

新規開拓をデジタル化→見込み案件数が三倍に

F社は国内をマーケットにサービス業を展開する創業五〇年超の企業である。業歴が長く、業界内でも一定の知名度があり、イベントの開催や定期訪問などによる顧客の囲い込みでサービス継続率を維持する一方、組織的な人脈づくりを通じた紹介受注も多い。これまではそれらの施策が奏功し、堅調な業績を実現してきた。

しかし、コロナ禍の影響もあり、ここ最近は顧客のもとへ直接訪問ができず、新商品の売上げも伸び悩んでいた。そうした状況を受け、F社の経営者は新しい見込み顧客の開拓方法をデジタルに求めることにした。

着手後に発生した課題

F社は営業ツールのデジタル化を推進するにあたり、これまで表計算ソフトで管理していた顧客管理データベースと見込み顧客リストの整理に着手した。名刺情報の管理ツール、顧客管理システムの刷新、営業支援システムと矢継ぎ早にデジタルツールを導入し、デジタル化の効果が期待された。しかし、なかなか全社の活用度が上がらず、気づけば表計算ソフトとシステムのダブル入力が発生し、もはやデジタルツールの目的を果たせない状態に陥っていた。

社内で立ち上げたデジタル戦略委員会において原因を分析したところ、前述した「一元管理の壁」にぶつかっていることが判明した。当初は全社視点でデジタルツールを選定していたものの、そこから先は管理部署の裁量でシステムが立ち上がり、システム間の情報連携が取れないばかりか、それぞれ異なるベンダーのアドバイスに即したマネジメントを推進したため、システムの機能不全が引き起こされていたのである。

機能不全脱却のためにF社が打った手

F社のトップはシステムの機能不全の事実を目の当たりにし、あらためて一元管理の壁も含めて、営業のデジタルシフトコンサルティングを実行することに決め、ターゲット事業を一つに絞り、その改革に着手した。

①自社のレベルを知る

まずは現在のマーケティング活動、営業活動を、「リアル（フィールド）軸」「デジタル（We

b）軸」で分析。マーケティング側だけでなく、実際のフィールドセールスも巻き込んで3C（Customer＝顧客、Competitor＝競合、Company＝自社）分析、セールスパフォーマンス分析を行い、システム活用度が低い要因を洗い出した。また、Ｗｅｂ解析、ライバル調査、広告運用度調査などを通じ、Ｗｅｂページそのものと、現在のデジタルマーケティングレベルを定量的に分析した。その結果、属人的なセールス活動の実態と、せっかくつくったコンテンツ（活用事例や顧客の便利情報）がデジタルマーケティングに生かされていなかったことが判明した。ライバルに先を越されるなか、自社のレベルを知るに至り、社内の関係者がそろって危機感を共有し、今後のデジタルマーケティング戦略と実行計画を構築した。

②仕組みをつくる

全部門のトップが進むべき道について共通認識を持ったF社では、「デジタルマーケティングプロジェクト」を組成。さらにマーケティングを目的としたＷｅｂサイトの構築を意思決定し、ＭＡの導入と、インサイドセールスとの連携による高次元でのデジタルマーケティング体制を、全社規模で推進した。サイト構築とインサイドセールス、Ｗｅｂサイト掲載用コンテンツの制作については、デジタルマーケティングプロジェクトの分科会でプロジェクトチームを組成し、それぞれの進捗が「ヨコ」で連携できるような体制を敷いた。その結果、およそ三カ月でＷｅ

図表3-4 営業のデジタルシフトで実現した仕組み

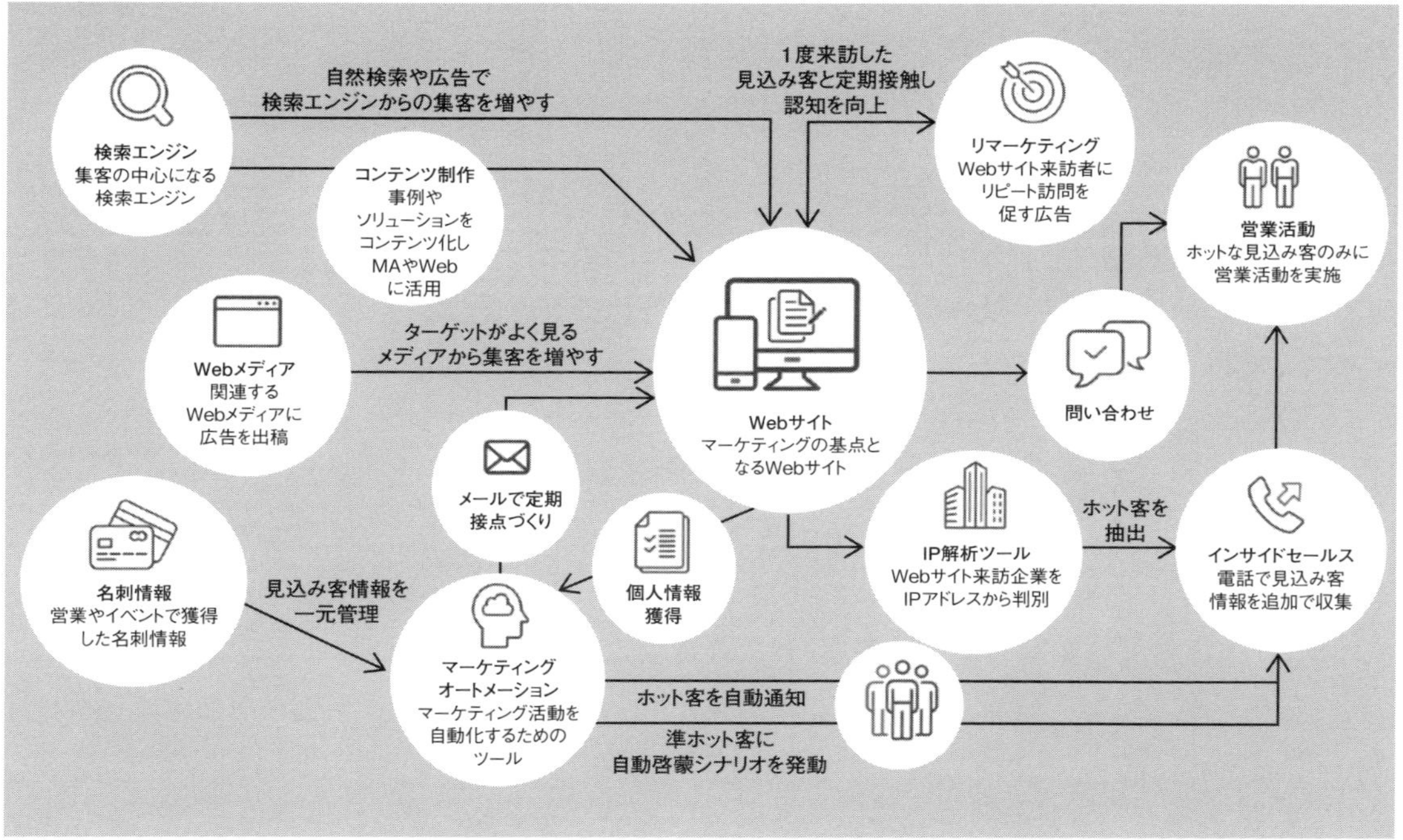

bサイトとMAツールの実装、インサイドセールスの立ち上げが実現した（図表3-4）。

③つくった仕組みを回す

F社のトップは、つくった仕組みが形骸化しないよう、「仕組み構築後のプロセス」にも目を配った。「成果につなげるための運用」目的の委員会を結成し、Webサイトの運用（リニューアルやSEO、広告運用など）、インサイドセールスのKPI（重要業績評価指標）達成に向けたセールスコール（電話営業）の架電技術向上、高品質のコンテンツの安定的供給を各プロジェクトで推進しながら、月に一度、関係者全員が集まって成果確認と対策検討を行った。

営業のデジタルシフトに着手してから一年後、Webサイトからの問い合わせも徐々に増え、インサイドセールスでの架電技術も向上したことで、フィールドセールスにパスできる案件数が取り組み前の三倍を超えた。また、当初デジタルシフトに懐疑的だった現場の営業パーソンも徐々にその価値を肌で感じ取り、自らもマーケティングに関するインプットを始めている。

【マネジメントDX】

08 働き方改革

課題 ワークスタイルの変化で生産性が悪化

対策 業務の可視化と標準化で改善が持続

アウトプット／成果 労働生産性の向上と改善活動の定着

新型コロナウイルスによる働き方改革の潮流

二〇二〇年の新型コロナウイルス感染症拡大を契機に、人々の価値観は大きく変化した。「社会」（ルール）、「業界」（付加価値）、「企業」（働き方）、「個人」（ワーク・ライフ・バランス）など、コミュニティーにもさまざまな変化が見られる。こうしたニューノーマル（新しい常識）が生まれる時代では、物事が「高度化」（考え方）、「自動化」（業務）、「離散化」（労働環境）、「合理化」（行動）していく。ＤＸへの動きが加速化するのも当然のことであろう。さらに、テレワークなど多様な働き方が浸透した今、感染拡大防止のためだけでなく、業務効率化の観点での改善、改革が求められている。

当然、どの企業も大きな変化に対して何かしらの取り組みを実施しているが、うまく改善・改革が進まないケースは多い。その原因として

- ●単に便利なDXツールがあるから導入してみた
- ●一部の人たちの取り組みになっていて遅々として成果が出ない
- ●現状維持バイアスがかかり掛け声だけで進まない

――などが挙げられる。

タナベコンサルティングにおいては、新型コロナウイルス感染症拡大以前から「職場の生産性向上」「真の働き方改革」に向けたコンサルティングを「生産性カイカク」として体系化した。

「生産性カイカク」の進め方

図表3-5の通り、「生産性カイカク」は大きく三つのフェーズで進めていく。まずフェーズⅠ（業務の可視化／As-Is＝今の姿）はいわば現状認識の段階である。さまざまな調査手法を用いながら多角的かつ客観的に事実（問題点・要因）をあるがままに捉える。フェーズⅡ（業務改善案／To-Be＝あるべき姿）は、タナベコンサルティングが分析した内容（現状の課題と改善案）を報告書としてまとめ、内容の共有とともに実行可能性、実現可能性について、膝を

図表3-5　「生産性カイカク」全体像

フェーズⅠ：3カ月	フェーズⅡ：3カ月	フェーズⅢ：3カ月
業務の可視化（As-Is）	業務改善案（To-Be）	実行支援（Can-Be）
1.業務改善コンセプトの決定 (1)業務改善コンセプトの設定 ①組織体制ディスカッション（戦略キャンプの実施） ②KGI設定 (2)KPI設定（改善効果目標値）	**1.業務改善策立案** (1)改善タスクの設定・再配分 (2)改善優先度の設定 (3)改善チャート作成 (4)改善提案書	**1.標準化モデル展開** (1)標準化モデル設定・実行 (2)標準化モデルの水平展開 (3)改善実態調査（効果測定）
2.各種調査による業務洗い出し (1)ヒアリング (2)ドキュメント調査 (3)行動分析調査 (4)業務難易度調査 (5)標準タスク調査 (6)標準時間調査	**2.意思決定会議の実施** (1)提案書に基づく意思決定 ①プロセス・オペレーション改善 ②アウトソーシング ③システム化（RPAなど） (2)短期改善スケジュール策定	**2.継続的改善** (1)業務マニュアル作成 (2)運用ルール改善 (3)業務改善説明会 (4)中期改善スケジュール策定 (5)キーコントロール最終検証

突き合わせて意思決定していく段階である。そしてフェーズⅢ（実行支援／Can－Be＝なり得る姿）では、フェーズⅡで意思決定した改善案につき、実際に実施・展開、検証、改善というPDCAサイクルを回して成果を上げていく。

すべてのフェーズにいえることとして、「演繹的アプローチ（あるべき姿から逆算して取り組む）」が必要である。ポイントは次の三点だ。

- 現状を押さえ、実現可能な最終ゴールを設定すること
- 足りない部分がたくさん見えること
- リソース、時間軸、難易度を加味して、可能なところからバックキャスト（あるべき姿からの逆算思考）すること

次に、それぞれフェーズごとに詳述していく。

①フェーズⅠ

現状認識のフェーズにおいては、前述した通り、演繹的アプローチで進めることが重要である。そして〝森を見て木も見る〟（全体を見てから部分を見る）。スタートは業務の棚卸しであるが、いきなり一つひとつの業務から抽出しようとしても、抜けや漏れが散見され、作業負荷も大きく、真因を押さえにくい。

a．マネジメントプロセスマップ（機能連結フロー）での可視化

縦軸に各業務プロセス、横軸に顧客を含む関連部門を置き、マトリクス内に主要タスクを表現することで業務の全体像を把握することから始める。タスクの一つひとつに課題があるのは当然であるが、クリティカル（重大）な問題は実際のところ、プロセスとプロセスのつなぎ目で起こることが多い。後戻り仕事のクレーム対応フローなども、漏れなく可視化することが重要である。

b．業務棚卸しでの可視化

全体像が見えた後、いよいよ個別業務の棚卸しである。一回当たりの所要時間（概算）、頻度も可視化し、必要に応じて作業難易度も可視化する。目的、ミッションに照らした業務の整理

もここで行うことになる。

c．行動分析による可視化（必要に応じて）

得てして業務が属人化し、ブラックボックス化しているケースがある。その場合、対象者の行動について、コア業務・ノンコア業務別に投下時間を一カ月程度記録する。注意点は繁閑の差がある企業の場合、両方の課題を抽出することである。

また、会議の生産性も見逃せない。開催目的、頻度、参加者などを一覧化し、開催目的は適切かどうかの必要性や、狙い通りの成果が出ているかの効果面を判断する。参加者・参加階層別の延べ人員に対して時給を掛け、かかるコストを可視化する。そのうえで、目的を達成する意思決定を生み出せているかどうかを見るのもよい。手段の目的化はすなわちムダである。このほか、システム分析や力量分析なども行うと、課題の可視化に対する質が上がる。

②フェーズⅡ

現状分析で挙がった課題・要因を整理し、あるべき姿から逆算して取り組むべき対策を立案する。「拡散」から「収束」への段階なので、何度か実現可能性を踏まえた優先順位づけと、実行推進に向けた短期・中長期の行動チャートおよびＫＰＩを作成する。ＫＰＩは当然、「時間」を押さえた生産性指標を設定すると、実行推進段階でのモニタリングに生きてくる。

また、ここでは抜本的なビジネスモデル改善や組織改革、アウトソーシング（外部委託）やシステムの導入など、単なるオペレーションの改善にとどまらない対策を意思決定することになる。とはいえ、最近は打ち出の小づちのように見られているDXもあくまで「手段」であり、流行に踊らされて安易に導入するべきではない。運用するヒトが重要であることから、システムを中心としたインプット（情報、ルール、基準および体制）とアウトプット（果たすべき目的）の改善・改革に、同時もしくは先行してメスを入れることが重要である。デジタルとアナログを融合（デジアナ融合）する考え方で、対策案に魂を入れていく。

③フェーズⅢ

どんなに良い絵を描いても、実行しなければ成果は出ない。とはいえ、改革すべき内容が大きい（言い換えれば課題の内容が根深い）ものは全社で足並みをそろえて進めることが難しい。まずは〝巧遅より拙速〟である。モデル（人材、部署、業務）をつくって成果を積み重ね、トライ&エラーで改善を行い、成果が出たものを水平展開していくステップで進めるとよい。

このフェーズで標準化、すなわちマニュアルや育成といった段階に入る。小さな成果の積み重ねが、社員一人ひとりの意識とモチベーションを高め、改善のスピードを上げていくポジティブスパイラル（正の連鎖）になる。ＫＰＩを用いた効果の測定と、業務改善説明会の開催による成果の見える化など、推進リーダーを中心に全社員を巻き込んで進めていく。

一人ひとりが企業変革のチェンジリーダーになる

目先の改善ではスピード感に欠け、後戻りすることが多い。どの企業も総論（生産性向上）には賛成である。しかし、その一歩を本格的に踏み出し、成果を上げるにはさまざまな問題が隠されている。まずは定性的業務・定量的業務をバランス良く可視化することだ。はやりのＤＸツールに踊らされる必要はない。

最終的に、生産性カイカクのゴールは、組織に根づいた「現状維持バイアス」を排除する「社風改善」にほかならない。まとめると、乗り越える壁は大きく二つある。

①現状維持バイアスの壁

さまざまに価値観が変わるなか、過去の成功体験がマッチしないことに気づきつつも、自らを変えられない心理的な壁である。前述の通り、小さな成功体験の積み重ねによって抵抗勢力を「推進勢力」へ変革させることが必要だ。現在の環境をチャンスと捉えることが出発点となろう。

②自分ゴト化への壁

企業変革に当事者意識を持って取り組めるかどうか。これが二つ目の壁となる。一人ひとりが目的を自分のこととして捉え、やるべきことをやりきる社風へ変革することが重要である。ぜひ、一人ひとりが「チェンジリーダー」となって、この困難な時代における真の働き方改革を実現していただきたい。

ケースメソッド 建設業G社
成功モデル拠点構築→全社展開で業務改善推進

G社は年商一〇〇億円、社員数約一〇〇名の老舗の地場建設会社である。安定した施工実績と長年の信頼により、着実に業績を伸ばしているが、建設業固有の課題である長時間労働が慢性化していた。原因は大きく二つ。人材不足と書類作成業務の多さだった。働き方改革関連法の施行もあり、生産性改革は待ったなしの状態だった。

そこでG社は、業務が足し算的に積み上がる働き方を見直すため、部門横断型の業務改善委員会を組成し、働き方改革をスタートさせた。

業務改善委員会では、ネック業務を部門ごとに毎月提示し、対応策を検討して次回に検証することで一定の成果を上げていた。だが、個別業務の対策に焦点が当たり、部分的な改善にとどまっていた。また個別の改善ネタも尽き、停滞感が漂っていた。

停滞感を打破し、全社最適で働き方改革を推進するため、G社はタナベコンサルティングと外部アドバイザリー契約を締結。現状の業務改善委員会を発展的に解消させ、再キックオフを行った。

プロセスは次の通りである。

①目標の再設定

残業時間低減の目標設定は従来通りとしたが、直間比率（収益に直接関わる人員数と管理・間接人員数の比率）の目標と、コア業務（付加価値創造業務）比率の再設定を行った。生産性と収益性の目標をトップ・役員と見直したうえで、その目標に向けてバックキャストで取り組み直すこととした。

②ビジネスプロセスの可視化

目標を再設定すると、現状の取り組み方ではギャップが広がる。そのためオペレーション単位での改善ではなく、ビジネスプロセスそのものを見直す必要に迫られた。ビジネスプロセスから役割分担、取るべき仕事、仕事の取り方など聖域なき見直しを行うことで、従来型オペレーションの改善がさらに進んだ。

③コア業務とノンコア業務を再定義

G社はコア業務比率を七〇%以上と定めた。ただ、現状値は三〇%にすぎず、部門固有の職種分掌に基づいた日常業務に追われており、中期ビジョンおよび中期経営計画で示した重点アクションプランに手が回っていない状態であった。そこで、本来の部門のミッション（重点アクションプラン）に立ち返り、未来を創造する視点からコア業務の再定義を行った。

④ロスカット基準（改廃基準）の明確化

コア業務が明確になったことで、「捨てる、改める、新しくする」という改廃基準（判断基準）を明確化することができた。目的・目標、ビジネスプロセス全体から演繹的にアプローチして全社最適の基準を設定。以降の個別プロセス改善の実効性を高めた。

⑤必要情報の定義とシステム投資

工事部門において、事務作業の事務スタッフへの完全移管（戦略的分業）やBPO（ビジネス・プロセス・アウトソーシング＝社内業務の外部委託）の推進などを実施し、コア業務特化型の働き方へ変革した。また、提出書類が多いという業種の特性上、紙の扱いが大きな負担となっていた。そのため、帳票の見直しや電子マニュフェスト（産業廃棄物管理票）の導入などを進め、ペーパーレス比率が七割に上昇した。

さらに、戦略上で必要な情報を定義（顧客情報、案件情報、施工ノウハウなど）し、その情報を効率良くイン／アウトプットしていくための各種業務システムの見直しと新規導入を図った。例えば、すでに導入していたＢＩＭ（ビルディング・インフォメーション・モデリング）のシステム活用度を上げるため、個別管理していた施工図面の共有・管理を、グループウエアによる一元管理へ変更するなど、ＲＯＩ（投資対効果）の検証を行いながら順次導入した。

⑥モデル拠点での成功事例構築と水平展開

とはいえ、部門ごとでやるべきことが明確になっても、足並みをそろえて成果を出すのは難しい。過去の成功体験にとらわれる〝現状維持バイアス〟にかかった反対勢力が、組織には必ず存在するからである。

それを見越したＧ社は、最初から全拠点一律でオペレーションを展開せず、テスト拠点をあらかじめ定めて、順次、「実行・検証・改善」のサイクルを回し、おおむね四半期程度の期間でモデルケースをつくった。その段階で、初めてマニュアルや手順書などの標準化資料を作成し、部門内の説明会や職場単位の勉強会を通じて意思疎通を図りながら、全社へ水平展開を行った。

G社は現在、改善テーマごとにKPIを定め、委員会を中心に徹底したモニタリングを強化している。成功事例はモデル事例として大々的に展開するとともに、各種社内アンケートを活用した効果測定を開始した。成果がメンバーのモチベーションを上げ、改善が促進されるポジティブスパイラルが生まれている。

【HR（ヒューマンリソース）DX】

09 アカデミー 人材育成

課題 人材育成が場当たり的

対策 企業内大学（アカデミー）を開講し「学び」の改革

アウトプット／成果 「教え学び合う文化の醸成」で魅力ある企業へ進化

なぜ「企業内大学」が必要なのか

「働き方改革」や新型コロナウイルス感染症拡大の影響で、テレワーク（リモートワーク）をはじめとした新しい働き方へのシフトが進んだ。また、人口減少による労働力不足やデジタル技術の進化により、企業における人づくりのあり方も大きな転換期を迎えている。経営者の高齢化が進み、次代を担う幹部候補者の育成が迫られる一方、少子化に伴う若年層の人材不足で技術・技能継承が滞るなど、さまざまな人材育成上の課題が浮き彫りとなっている。

企業の人材育成における具体的な課題として、次の五点が挙げられる。

①次世代の幹部人材育成が不十分で、次の〝後継内閣〟を支える候補者がいない
②ベテラン社員のスキルやノウハウが継承されず、次の専門人材が育っていない
③新卒者や中途社員を体系的・計画的に育てる機会がなく、成長スピードが遅い
④研修のオンライン化を進めたものの、社員が内容を理解・習得しているか不安
⑤教育制度と人事制度が連動しておらず、学びに対する動機づけが不十分である

これらの課題を踏まえると、多様な研修内容や計画的・体系的に成長へ導く人材育成手法が求められる。その優れたツールとして近年注目されているのが「企業内大学（アカデミー）」である。タナベコンサルティングにおいても二〇一七年に企業内大学を設立し、これまでの人材教育コンサルティングで得た知見とともに「FCCアカデミー」として体系化し、開設と運営のコンサルティングを展開している。その経験に基づき、企業内大学における人材育成の仕組み化への流れとポイントを紹介する。

アカデミー設立で人材育成・組織風土を変革

ここでは便宜上、タナベコンサルティングが展開する「FCCアカデミー設立支援コンサルティング」に基づき、企業内大学の取り組みについて述べていく。FCCアカデミーでは大き

図表3-6　企業内大学設立の進め方（例：FCCアカデミー設立支援コンサルティング）

フェーズ	項目	実施内容	1	2	3	4	5	6	7	8	9	10	11	12	13
Ⅰ	現状認識	(1) インタビュー調査	■	■											〇〇アカデミー開講
		(2) アンケート調査	■	■											
		(3) 人材バックボーンシステム分析	■	■											
		(4) 組織・人材構成分析	■	■											
		(5) 人時生産性分析	■	■											
		(6) 人事制度・教育制度分析	■	■											
		(7) 現状分析報告書作成	■	■											
		(8) 戦略ディスカッション		■											
Ⅱ	体系構築（学校づくり）	(1) コンセプトと重点目標の設計			■										
		(2) 求められる人材像の設計			■										
		(3) 必要知識・スキルの棚卸し				■	■	■							
		(4) 運用体制・習得方法の確立					■	■							
Ⅲ	コンテンツ開発（授業づくり）	(1) 社内講師の選定							■						
		(2) 社内講師の育成								■	■	■	■	■	
		(3) 講座制作								■	■	■	■	■	
		(4) LMSの構築（必要に応じて）									■	■	■	■	
Ⅳ	開講準備	(1) ガイドブックの完成											■	■	
		(2) 社内外告知施策の検討・実施											■	■	
		(3) PDCAを回す仕組みの確立											■	■	

（スケジュール（カ月））

く四つのフェーズで進めていく（図表3-6）。

フェーズⅠでは、まずクライアント企業の調査・分析を行い、人づくりの現状を正確に把握し、その会社の課題に合った企業内大学の方向性を固める。

次のフェーズⅡでは、その方向性に従って企業内大学全体の体系を設計していく。

フェーズⅢでは、フェーズⅡの体系に基づきカリキュラムを設計し、研修コンテンツを開発する。

フェーズⅣでは、企業内大学の開講に向けた準備を行っていく。ここでは主に、今後のPDCAサイクルの回し方や、社内外への告知方法などを検討する。クライアントによっては、フェーズⅣをいったん〝プレ開講〟としてスモールスタートし、トライアル（試験運用）を通じて本開講するパターンもある。

①フェーズⅠ　現状認識

a．人材のバックボーンシステムを押さえる

人材のバックボーンシステムとは、企業の人材育成を支える「背骨」の仕組みのことである。すなわち、自社が求める人材像から人材ビジョン、そして中期人材育成計画、年度育成方針、人材開発目標まで、背骨のように一本の筋が通っていることが重要だ。

人材育成の本質は自社が求める人材像を生み出すことにある。これによりあるべきキャリアステップが明確となり、併せて求める人材像を具現化するための必要なスキルが明確となる。そして、その必要スキルを補完するための仕組みとして教育制度が確立される。これはヒアリングや資料に基づき、理念から教育制度に至るまで一貫しているかを分析する。

b．人員構成上の課題を発見する

自社の人員構成上の課題を明確にする。会社の状況によってさまざまだが、次の三つのパターンが多い。

i．漏斗《じょうご》型（シニア層に人材が偏重）

ii．砂時計型（三〇～四〇歳代が不足）

iii．ピラミッド型（若手人材が中心）

c．人材の特徴（階層別・職種別）の課題を発見する

人材の特徴で押さえたい三つのポイントは次の通りである。

ⅰ．人事評価結果から見た課題：職能型人事制度を導入している企業が多く、成果、発揮能力、態度能力の三つの視点で評価されているケースが多い。着目すべきポイントは、発揮能力、態度能力の評価結果であり、階層別・職種別で見た場合に何が不足し、何が課題なのかを抽出する

ⅱ．一人当たり生産性から見た課題：一人当たり生産性から、目指すべき階層と課題となる階層を明確にする

ⅲ．ヒアリング・アンケートから見た課題：現場から生の声を聞く。定量的に成果が判断できない階層別・職種別のあるべき姿や現状の課題を押さえる

d．その他、現状認識で押さえるべきポイント

人員構成、人材特徴の分析からは「誰に（階層・職種）」「何を（知識・能力）」の重点が導かれるが、「どのように（習得方法）」については判断しにくい。そのため実際の人づくりに関わる人事担当者へ、教育制度の運用度合い、受講者のフォロー度合い、教育に関わるツールの充実度合いなどを確認するとよい。

e．現状認識から企業内大学の方向性を定める

現状認識から導かれた課題やポイントを踏まえて、企業内大学の重点を明確にする。「誰に」

「何を」「どのように」を現時点で定めておくと、企業内大学をスムーズに設計できる。

i．「誰に」は、自社が重点とする階層・職種を決める。重要なのは短期・中長期の優先順位をつけること。若手層であれば、早期戦力化がテーマであり、何年で一人前に育てるのか、何年でリーダーを担えるのかといった重点を定める。また中堅層であれば管理職候補者の創出、管理職であれば次の経営者・役員候補者づくりが主なテーマである

ii．「何を」は、重点階層・職種に対して各階層・職種に求められる必要知識やスキルなど、何を重点に教えるのかである

iii．「どのように」は、重点とする習得方法を定める。習得方法とは主に対面型、Ｗｅｂ型、ＯＪＴ型の三つのパターンに分かれる。最近は、Ｗｅｂ型のオンライン・オンデマンド研修が主流となりつつある。自社のビジネスモデルやＩＴ環境などを踏まえて適切な習得方法を設定する

f．企業内大学を運用するための運営体制を決める

誰が運営していくのか、体制・ルールを決めておく必要がある。ポイントは次の三点である。

i．運用メンバーを決定する：部門を横断するプロジェクト形式（事務局は総務・人事部門）、もしくは企業内大学を推進する専門部署を立ち上げるなど、企業によってさまざまである。なお、専門部署を立ち上げても各部署のメンバーの協力を仰ぐ

ⅱ．受講・効果測定のルールとフローを設計する：受講については必須なのか、選択なのか、また効果測定については何をもって理解・習得したのかを定め、理解度テストやレポート提出などの効果測定法を検討する

ⅲ．運用のルールとフローを設計する：専門部署もしくは事務局の職務要件を決めるのと同時に年間業務スケジュールを設計する

②フェーズⅡ　体系構築

a．求める人材像を設計する

先に述べた通り、教育制度・計画・コンテンツの幹となるのが、理念・ミッション・戦略・方針である。これらを具現化する人材像を明確にすることが重要である。

・全社……理念・戦略・方針を具現化する人材を一言で表現する。自社の行動指針やクレドなど社員の行動基準が示されているものがあるのであれば、参考にするとよい

・事業……事業のミッション・役割・使命に応じて、あるべき姿を設定する。また、可能であれば定量目標も設定するとよい。到達ゴールがより明確になる

・成長段階……「○年で一人前」「□年でリーダーを担える」など、理想とする成長目標を設定し、ステージやステップで区切るとわかりやすい。なお、人事制度内における等級制度、

モデル滞留年数を参考にするとよい

b．必要知識・スキルの棚卸し

全社・事業、そして成長段階別に必要とされる知識・スキルを設定する。設定の際は、米国の経営学者ロバート・カッツが提唱した「カッツモデル」（階層に応じて必要とされる能力の割合）を参考にするとよい。カッツは、マネジメント階層別に必要なスキルを次の三つに分類した。

i．コンセプチュアルスキル（概念化能力）：複雑な物事や情報を総合し、本質を捉え概念化する能力

ii．ヒューマンスキル（対人関係能力）：他者と良好な人間関係を構築できるコミュニケーション能力

iii．テクニカルスキル（業務遂行能力）：担当業務や専門領域の仕事をこなし、成果を上げていく能力

このうちコンセプチュアルスキルとヒューマンスキルは、人事制度に示されている等級の定義や人事考課表に示されている着眼点を参考にするとよい。また、テクニカルスキルは人事制度上、業務遂行における能力（技術力を要するもの）までは具体化されていないケースが多いため、現場の社員へのヒアリングやスキルマップ、力量評価表などを参考にするとよい。

c．必要な知識・スキルの具体化

棚卸しした知識・スキルそれぞれに、到達ゴールを設定する。これにより、この階層に必要な知識・スキルなのかという見極めができ、今後のコンテンツ開発にもひもづく。

d．習得方法の確立

習得方法は、必要な知識・スキルの特性を踏まえて大きく三つのパターンで設定する。

i．対面型：座学に加え、コミュニケーションを必要とする研修スタイル。例えば、手を動かさないと理解できないものや、討議・ワーク・ロールプレーイングを行うことにより気づきを与えたいことなどが当てはまる

ii．Web型：デジタルツールを活用した座学中心の研修スタイル

【オンライン】「Zoom（ズーム）」「Microsoft Teams（マイクロソフト・チームズ）」などを活用しリアルで研修を実施。ただしオンラインの特性上、どうしても講師の一方通行感がある

【オンデマンド】タブレット端末などを活用し、いつでもどこでも動画で学べる。

iii．OJT型：職場のなかで日常業務やマニュアルを通じて自然に学べる

③フェーズⅢ　コンテンツ開発

このフェーズではまず、担当講師を設定する。講師は、経験豊富で技術力を有するベテラン社員にすると間違いない。しかし、あえて若手社員を講師に起用し、勉強させる企業もある。講師を設定した後、企業内大学の「どのように」の方針に基づき、対面型またはWeb型のどちらかでコンテンツを開発していく。

i．対面型：カリキュラム構成⇓レジュメ＋討議・ワークのフォーマット

ii．Web型（オンライン・オンデマンド）：動画構成⇓レジュメ⇓動画作成⇓LMS（学習管理システム／オンライン上で教材配信や成績管理を行うシステム）への搭載

④フェーズⅣ　開講準備

企業内大学の運用のポイントは次の三点である。

a．PDCAを回すための推進方法を明確にする。受講状況やコンテンツ開発の動向など、月一回は推進メンバーで共有する場が重要である。これがないと、全社的な取り組みとしては推進力が弱い

b．社員へ周知し、認知させる創意工夫を行う。例えば、社員・管理職説明会の実施や、プロジェクトの成果物としてガイドブックなどのツール作成を行う

c．自社のブランディング施策として、社外への情報発信も欠かせない。特に、採用活動において企業内大学をPRすると、成長意欲が高い求職者の興味を引くことができ、母集団の形成にも役立つ

ケースメソッド　音響設備設計・施工業H社

企業内大学（アカデミー）の発足→学び合う風土が醸成

H社は、ホールや劇場、スタジアムなど大規模な空間音響設備の開発・製造に加え、設計・施工・保守に至るまでワンストップで提供する音響エンジニアリング会社である。七十余年にわたって先進的な音響システムを提供するサウンドカンパニーとして、理想的な音空間の実現に力を注いでいる。

同社は二〇一八年、新社長の就任を機に企業体質を磨き上げるため、組織のバージョンアップに取り組んだ。それを推し進めるうえで現れた課題が、次の五つであった。

● 労働集約的かつ一品受注生産のビジネスモデルのため、人材育成が急務
● ミドルアップダウン（経営陣と幹部層が支える経営）を図りたいが、次代の経営幹部である中堅社員層に役割認識が薄く、当事者意識も乏しい

●縦割り型組織のため各部門のミッションや職務内容の共有がいま一歩
●ESアンケート（社員満足度調査）で人材育成の満足度が最も低い
●人材育成が体系的かつ計画的に行われておらず、現場のOJT任せ

このような課題を踏まえ、同社はまず教育制度改革に着手。二〇一九年に、タナベコンサルティングの支援のもと企業内大学（アカデミー）設立プロジェクトを発足した。同プロジェクトは中堅社員層のメンバーを中心に約一〇カ月間活動した。そのなかで、プロジェクトメンバーが多くのエネルギーを注いだのは、各階層・職種に応じた必要知識・スキルの棚卸しとコンテンツの開発である。特に、コンテンツ開発で苦労したのがレジュメと動画の作成だった。

動画は収録時間を一〇分以内に収めるルールとし、それに準じてメンバーがレジュメを作成するのだが、自身が経験・体験してきたノウハウ・技術をシンプルに体系化することに苦しんだ。また動画作成では、プレゼンテーションの経験が少なかったことから、文字を読まずに正面を向いて話すことにも苦労した。このような壁を乗り越え、何とか受講者が視聴できるコンテンツが完成し、二〇二〇年に開講を迎えることができた。その一〇カ月間のプロジェクトによる成果は次の六点である。

①成長ステップに基づく人材育成体系の確立
②個人のレベル・課題に応じた独自カリキュラム（四学部・約二五〇講座）の提供
③社員同士が教え合い、学び合う組織風土の醸成
④Ｗｅｂ講座（オンデマンド）を中心とした、いつでもどこでも学べる環境の確立
⑤アカデミー推進室と、各部署への人材育成責任者設置による運営責任の明確化
⑥アカデミーの採用ブランディングへの活用

現在、同社のアカデミーは若手層を中心とした学びの場として運用されているが、今後もコンテンツのさらなる充実や講座品質の向上などを目指して、継続してバージョンアップを図っていく考えである。また、自社内での運用にとどまらず、協力会社や内定者もアカデミーのコンテンツを受講できるように範囲を広げていくという。一方、ＥＳアンケートで評価が低かった人材育成への取り組みについては、アカデミーを通じた学びと人事制度・昇格要件の連動を図ることで、日々の成長を実感してもらうだけでなく、社員を成長させる会社としての責務を果たしていく。これらの取り組みによって、社員の成長そのものが会社の理念とミッションの実現につながり、結果として会社の成長につなげていくことが狙いなのである。

第４章

コーポレートモデル

10 ホールディング経営

課題 経営の意思決定に時間がかかる

↓

対策 戦略リーダーの育成で「所有と経営」を分離

アウトプット／成果 グループの経営効率向上と経営人材の輩出

すべては決断から始まる

ホールディング経営は企業の進化モデルである。経済環境は不確実性がますます高まり、低成長・非連続・高速変化の経営環境にあっては、一つの事業に固執すること自体がリスクとなり得る。既存事業をコアとしながらも、関連する他の分野、あるいはエリアに事業領域を広げ、より大きな枠組みのなかで新たな付加価値を創造していかなければ、これからの時代において企業成長はない。事業領域を広げることは、単に売上げや利益を拡大することではなく、企業価値そのものをアップデートすることである。

例えば、ホールディングス化を機に、それまでの顧客価値・市場価値中心の目線から、社会価値の目線に高さが変わることがある。それは企業がより大きな目的に向け、ミッション（存在価値）そのものを進化させることにほかならない。

ホールディング経営とは、純粋持ち株会社を軸に複数の事業がポートフォリオを形成し、かつ環境変化に対し、その構成をフレキシブルに変化させながら、グループ全体でさらなる進化を図ろうとする経営体制のことをいう。一方、ホールディング経営を目指す現実的な目的は多様である。先に示したように、事業ポートフォリオで持続的な成長を図ることを前提としながらも、複数の事業経営者および戦略リーダーを育成することを主目的にする経営者も多い。また、自立した事業運営を実行するための組織体制づくりも重要な論点になるし、あるいは事業承継における次世代経営モデルとして意思決定されるケースも多い。

経営者がホールディング経営に踏み切るきっかけは、目的感・時間軸ともに多様である。また、複数の企業で構成されるグループ経営という枠組みにおいて、資本的にも財務・収益的にも、また組織的にも大きなモデルチェンジとなるため、税務を含む経済的なメリット・デメリットも検証しなければならない。さらに、組織を構成する社員の所属やキャリアパスも大きく変化するため、組織的なコンセンサスを得ることも避けて通れないプロセスになる。

このようにホールディング経営に向けてのプロセスは複雑であり、そのため意思決定に時間

図表4-1　ホールディング経営コンサルティング体系図

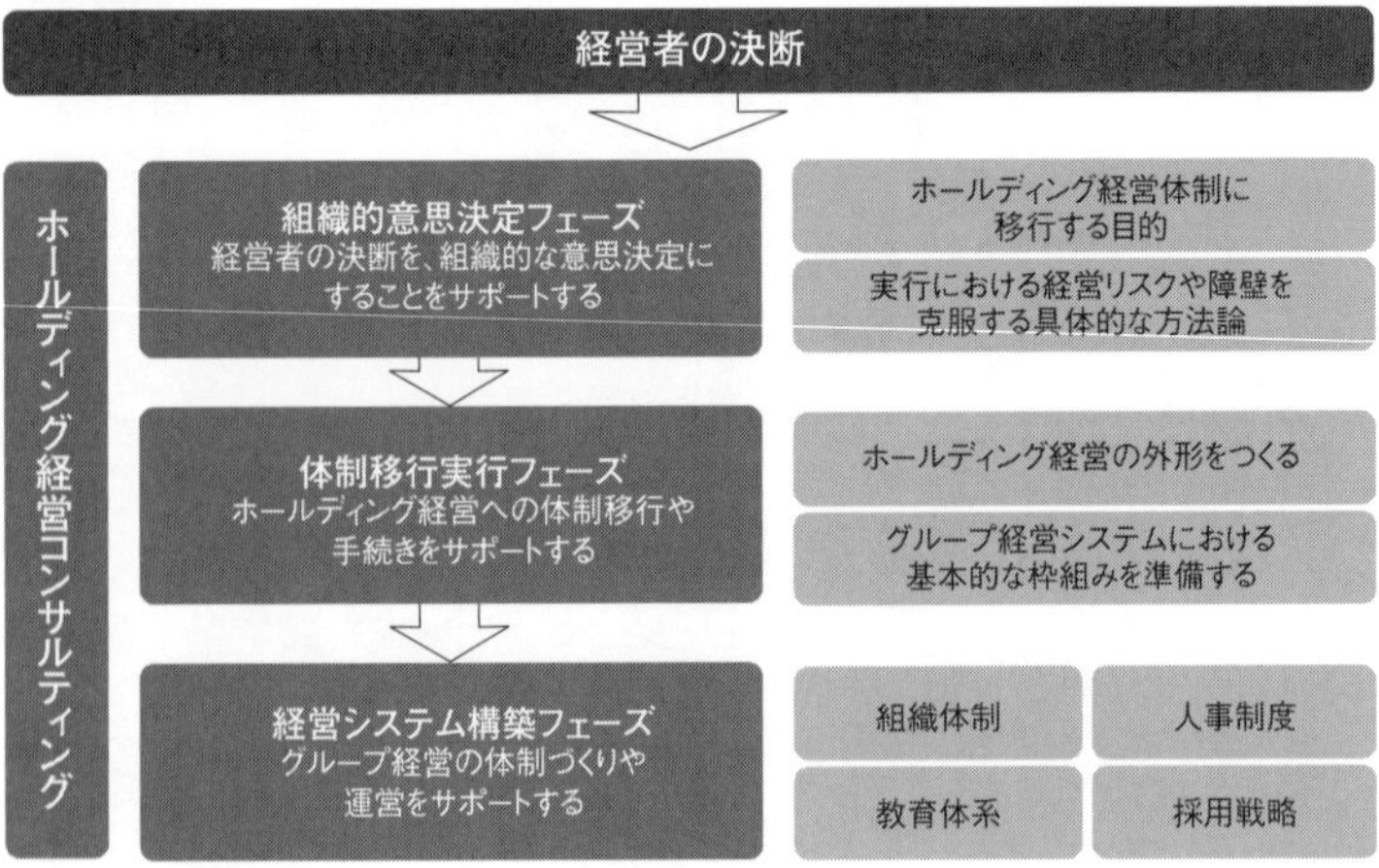

がかかる場合が多い。一方、ここ数年、ホールディング経営にシフトする中堅企業は増加してきており、タナベコンサルティングもその実行において、数多くの企業をサポートしてきた実績がある。

では、ホールディング経営に踏み切った企業と、そうでない企業は、どのような違いがあるのか。ホールディング経営を導入した企業に共通することがあるとすれば、それは「経営者の決断」にほかならない。企業の持続的な成長と進化を志す経営者がまず直感的にホールディング経営へのモデルチェンジを決断するのである。経済的なメリット・デメリットや組織のコンセンサスなど複雑な思考プロセスにはまり込んでしまうと、意思決定が長期化する一方である。もちろん、複雑な意思決定プロセスも軽視することはできないが、まずは明確なビジョンを掲げ、方向性を決めることが重要なのである。タナベコンサルティングが手掛けてきたホールディング経営コンサルティングも、そのようなきっかけで始まることが多い。

ホールディング経営コンサルティングは、次のようなプロセスをたどる（図表4－1）。

●組織的意思決定フェーズ

経営者の決断を、組織的な意思決定にすることをサポートする。

●体制移行実行フェーズ

ホールディング経営への体制移行や手続きをサポートする。

●経営システム構築フェーズ

グループ経営の体制づくりや運営をサポートする。

経営者の決断を起点として、その決断を具体的にデザインし、設計図、工程表に展開する。さらには実行サポート、体制移行後の経営システム支援まで一貫して対応することが、コンサルティングの役割である（図表4－2）。

図表4-2　ホールディング経営コンサルティングスケジュール

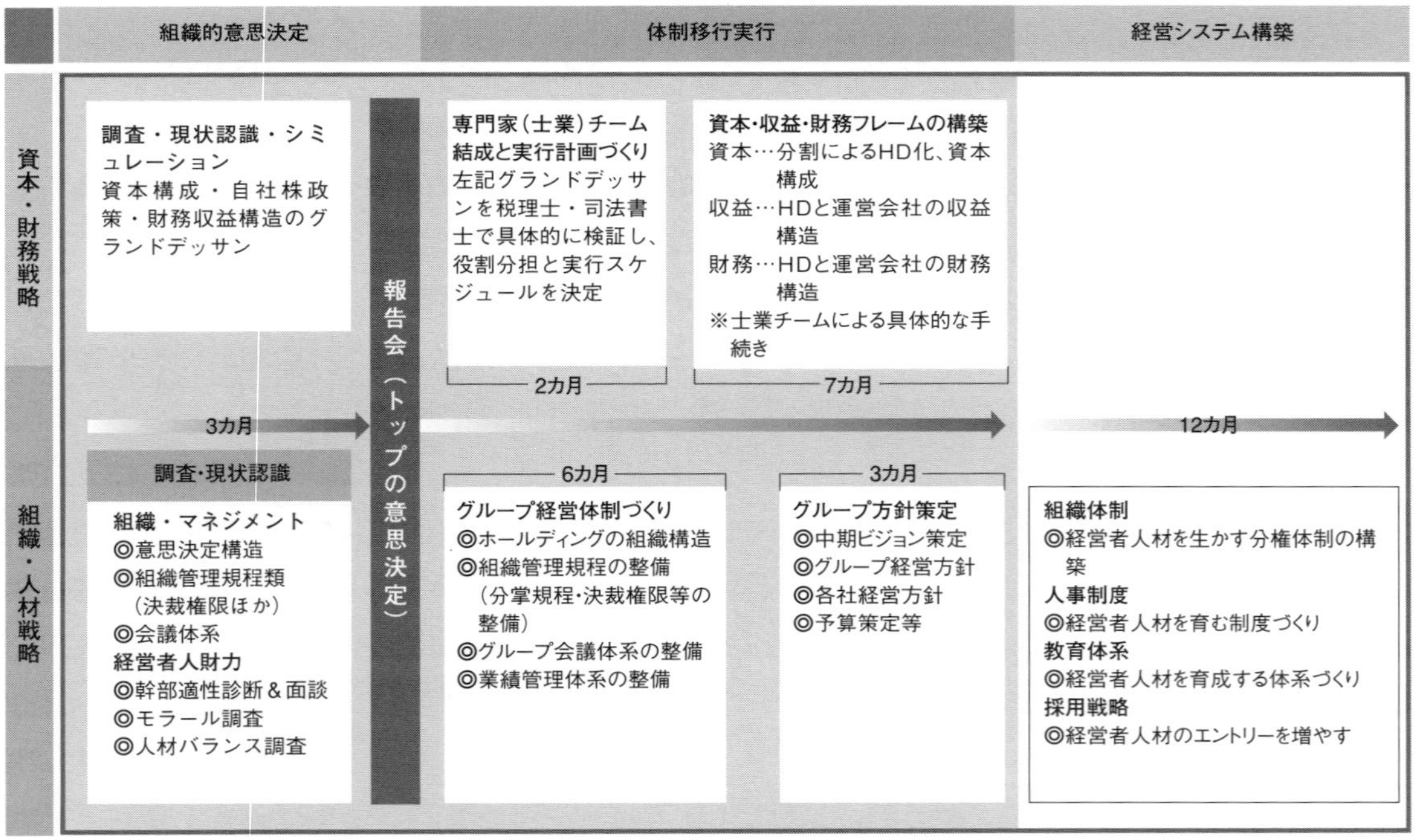
組織的意思決定
体制移行実行
経営システム構築
資本・財務戦略
組織・人材戦略
調査・現状認識・シミュレーション
資本構成・自社株政策・財務収益構造のグランドデッサン
3カ月
調査・現状認識
組織・マネジメント
◎意思決定構造
◎組織管理規程類（決裁権限ほか）
◎会議体系
経営者人財力
◎幹部適性診断＆面談
◎モラール調査
◎人材バランス調査
報告会（トップの意思決定）
専門家（士業）チーム結成と実行計画づくり
左記グランドデッサンを税理士・司法書士で具体的に検証し、役割分担と実行スケジュールを決定
2カ月
資本・収益・財務フレームの構築
資本…分割によるHD化、資本構成
収益…HDと運営会社の収益構造
財務…HDと運営会社の財務構造
※士業チームによる具体的な手続き
7カ月
6カ月
グループ経営体制づくり
◎ホールディングの組織構造
◎組織管理規程の整備（分掌規程・決裁権限等の整備）
◎グループ会議体系の整備
◎業績管理体系の整備
3カ月
グループ方針策定
◎中期ビジョン策定
◎グループ経営方針
◎各社経営方針
◎予算策定等
12カ月
組織体制
◎経営者人材を生かす分権体制の構築
人事制度
◎経営者人材を育む制度づくり
教育体系
◎経営者人材を育成する体系づくり
採用戦略
◎経営者人材のエントリーを増やす

組織的意思決定フェーズ（おおむね三～六カ月）

先に述べたように、ホールディング経営への移行は経営者の決断で始まるが、当然ながらこの段階では大枠の方向性でしかなく、きわめて概念的かつ抽象的なものである。これだけでは組織の幹部社員の完全な合意形成を得られず、変化をおそれ反対する者も出てくるだろう。コンサルティングにおける「組織的意思決定フェーズ」では、ホールディング経営体制の具体的な完成図、設計図および体制移行までの工程表を作成し、そのプロセスにおいて経営執行部で十分な議論を重ね、最終的には取締役会および株主総会で正式に意思決定するところまでをサポートする。

このプロセスにおいて重要なのは、ホールディング経営体制に移行する目的そのものと、実行における経営リスクや障壁を克服する具体的な方法論について、合意形成を得ることである。

このうち、目的の合意形成については、比較的時間を要さないケースも多い。経営者が決断した根拠には、企業を持続的に成長させることで社員にも成長機会が与えられ、皆が幸せになるという大義があるからである。いわゆる「総論賛成」は得やすいのである。問題は「各論」の部分である。具体的にグループ全体がどのような資本関係になり、各社の財務・収益構造や組織図がどのように変化するのか、また、それにより不利益を被る利害関係者が出てくるのではないか、あるいは実行までにどのくらいの業務負担とコストがかかるのか。論点は各社各様であるが、コンサルティングにおいては、それらの論点について一つひとつ丁寧にシミュレートし、役員をはじめ幹部社員からのヒアリングやディスカッションを重ね、最終的にはすべての疑問点について解決方法を提示し、全員の合意のもとで意思決定に導いていくのである。

体制移行実行フェーズ（おおむね六〜九カ月）

ホールディング経営体制への移行が組織決定されたら、次の段階は実行に向けた支援に移っていく。体制移行実行フェーズにおいては、①ホールディング経営の外形をつくる、②グループ経営システムにおける基本的な枠組みを準備する、という二つの側面がある。

ホールディング経営の外形をつくる側面においては、複数の事業会社を一つの資本系列に再構成したり、一つの事業会社を純粋持ち株会社と複数の事業会社に分割したりという外科手術的なタスクを実行していく。この領域においては会社法や税法、労働関連法など専門的な判断と対応が求められるため、経験豊富な税理士や司法書士、社会保険労務士といった、いわゆる「士業」とタナベコンサルティングがタスクチームを組成する。そのタスクチームでより高度な技術レベルの知見を加え、法務リスクを最小限に抑え、かつスピーディーに体制構築までをサポートするのである。

また、グループ経営システムにおける基本的な枠組みとは、グループ経営を統制するための経営統治（ガバナンス）体制を設計し、ホールディング経営体制移行時に、グループ経営システムとして機能させることがタスクとなる。持ち株会社と事業会社それぞれの意思決定構造や内部統制構造を設計し、職務権限や業務範囲を規程として再整備し、会議体も必要に応じて再構築する。これらのタスクは企業内のメンバーでプロジェクトチームを組成して対応していく。

ホールディング経営体制への移行は、事業年度の節目に合わせて実行するのが一般的である。新年度の期首から、外形面も、経営システム面も同時にスタートできるよう逆算してスケジュール化するのがよいであろう。

経営システム構築フェーズ（おおむね一二カ月）

ここでいう「経営システム」とは、ホールディング経営体制を有機的に生かしていくための組織戦略のことである。ホールディング経営体制の組織的な目的は、多くの「経営者人材」を生み出していくこと。事業ポートフォリオを構成する事業会社には、それぞれに経営者を配し、複数の事業を複数の経営者がチームで経営していくことが理想の姿である。そのためには、組織体制、人事制度、教育体系、採用戦略など、人にまつわる諸制度の共通目標を「経営者人材の輩出」にフォーカスさせることが必要であり、それらをもってグループ全体で連邦経営につなげていかなければならないのである。

「社員のなかから経営者を輩出するのは難しい」と初めから諦めてしまう経営者も少なくないが、これらの諸制度を目的レベルから見直して再構築することで、これまで埋もれていた経営者候補が浮き彫りになることもある。また、「経営者になりたい」という求職者が門をたたいてくるケースも少なからずある。もっとも、経営者人材の育成は一朝一夕にできるものではなく、企業によってはカルチャーレベルから変える必要もあり、その場合、最低でも五〜一〇年は要するかもしれない。しかしながら、グループ全体のレベルでの制度改革を継続することがやがて成果につながるものである。長期的な取り組みとして続けるためにも、経営陣の強い意志を固めておかなければならない。

「企業は人なり」というが、ホールディング経営においてもやはり人が主役となるだろう。企業が持続的な成長・進化を遂げるため、事業面、人材面において、これまでよりも高い次元の取り組みが必要とされるのである。

ケースメソッド　電気設備業Ｉ社

グループ経営会議の活用→非同族の次世代体制づくり

Ｉ社は純粋持ち株会社である。傘下には、中核企業の重電機器商社をはじめ空調設備会社、情報システム会社、建設会社などがあり、グループ年商が二〇〇〇億円を超えるホールディング経営を展開している。

一九五〇年代に創業者が重電機器商社を設立した後、一九七〇年代に空調設備部門、二〇〇〇年代には情報システム部門をそれぞれ分社化した。そして創業六〇周年の節目を機に、創業者の子息（当時は重電機器商社の代表者）が事業承継における次世代体制づくりの一環として持ち株会社I社を設立し、社長に就任した。

I社は株式移転という組織再編手法により設立されたが、その時点における同社は取締役三名と監査役一名しかおらず、子会社の株式を所有するものの、いわゆるペーパーカンパニーに近い状態であった。

I社の社長がホールディング経営体制への移行に踏み切った目的は、自身の勇退と次世代の成長を見据え、事業会社各社をグループとして再統合し、新たな事業投資によりグループ一体で成長を図っていく必要があったからだ。実際、ホールディングス化した後、建設会社をM&Aでグループ傘下に迎え、グループ事業における機能強化を図っている。

タナベコンサルティングがコンサルティングに入ったのはI社設立直後であり、それから約五年にわたってホールディング経営体制づくりを支援してきた。設立当初のI社は事業会社三社（重電機器商社、空調設備会社、情報システム会社）の社長が取締役を兼任する体制であったが、先に述べた通りペーパーカンパニーであり、「持ち株会社はつくったものの、これから『ホールディングス』としてどう動いたらよいのかわからない」という状況だった。そこで、まずはI社の取締役会を機能させるため、それをグループ経営会議という位置づけにし、グループ経営体制として必要なことを議論して意思決定するというフレームワークを提案した。

グループ経営会議で初めに検討したのは、I社の財務・収益基盤構築であった。当初は子会社株式しか所有資産がなく、収入も子会社からの配当のみであったため、事業会社が所有していた本社ビルの土地・建物を分割の手法によりホールディングスに移転した。これによりホールディングスは子会社からの賃貸料として安定した収入を確保することが可能になった。

そもそも不動産をホールディングスに移転したのは、収入源の確保のためだけではなく、財務政策上の目的があった。具体的には、ホールディングスはB／S（バランスシート＝貸借対照表）責任を担い、事業会社はP／L（プロフィット・アンド・ロス＝損益計算書）責任を担うというコンセプトに基づくものであった。

B／S責任とは会社の最終責任であり、中長期目線でグループを持続的に成長・進化させることを目指す。一方、P／L責任とは収益（正確には営業キャッシュフロー）の最大化であり、その責任範囲は単年度目線となる。I社もその考え方に基づき、グループ全体の資金調達と運用をつかさどる「ファイナンスセンター」として機能させようとした。その一環として事業会社がそれぞれで調達していた借入金もI社に一本化し、各事業会社は親会社のホールディングスから借り入れるという流れを形成していった。

グループ経営会議では財務面や収益面のほか、ガバナンス体制づくりについても議論を重ねていった。I社の社長は「同族経営は自分の代までで、次世代以降は非同族経営にしていく」ことを思想として持っており、自身の代のうちに自らの思想をガバナンス体制として残しておきたいと願った。実際にグループ経営会議では、グループ組織を管理する諸規程や権限基準として明文化し、グループ内に周知を図るとともに内部監査制度も充実化させ、規程の浸透を図っていった。

またホールディングスの組織づくりとして、グループの間接機能（総務・人事・経理・財務など）を統合するとともに、グループ社長塾や次世代経営塾を開くなどして、現世代および次世代の経営者人材育成も継続的に行っている。この教育は経営者としてのスキルアップに加え、創業家の理念を継承するという目的も有しており、そのなかから今の事業会社経営者を輩出している。

現在、創業者の子息はI社の社長を退任し、金融機関出身の副社長が社長職を継いでいる。新社長もまた創業家の理念を受け継いでおり、就任後にグループ経営ビジョンを掲げ、グループとしての求心力を高め、さらなる成長を志して日々奔走している。

11 事業承継の経営技術

課題 会社を未来に存続させたい

対策 事業承継のワンストップソリューション

アウトプット／成果 持続的・安定的かつ円滑な後継体制を確立

多様化する事業承継

タナベコンサルティングのクライアント企業は中堅オーナー企業が多い。たいていは戦後復興期（一九四五～五五年）の創業・設立であり、七〇年前後の業歴を有している。そうした企業はおおむね第三世代へのバトンタッチを進めており、ここ数年で三〇～四〇歳代の後継経営者が多く誕生している。

オーナー企業の場合、選択肢としてまず優先的に考えるのは「親族内承継」だろう。だが、近年は事業承継が多様化し、親族内承継が全体に占める割合は大きく減少傾向にある。創業者（第一世代）から第二世代への承継では親族内承継が圧倒的マジョリティーを占めたが、第二世代から第三世代の承継では大幅に減少しているのである。

帝国データバンクの調べ（「全国企業『後継者不在率』動向調査」二〇二二年一一月）によると、二〇二二年の事業承継で「同族承継」の割合は三四・〇パーセントと、前年（三八・七パーセント）から四・七ポイント低下した。一方、非血縁の役員などを登用した「内部昇格」は三三・九パーセント（前年比二・五ポイント増）、買収・出向などの合計である「M＆Aほか」が二〇・三パーセント（同一・七ポイント増）、社外の第三者を代表者に迎えた「外部招聘」も七・五パーセント（同〇・二ポイント増）とそれぞれ増え、近年は非同族承継の動きが鮮明となっている。

内部昇格、すなわち「役員・社員承継」は親族内承継の代替策となっているが、ある意味においては〝身内〟への承継といえなくもない。というのも、日本企業、特にオーナー企業では家族主義的な組織カルチャーを有していることが多く、役員・社員も身内同然だからである。

ただ、役員・社員と経営者は、その目線や価値観が根本的に違う。役員・社員のなかに経営能力を有する人材がいたとしても、最終責任までをコミットするケースはまれである。事業承継は企業の所有権そのものの継承と事業経営の承継に区分されるが、最終責任である所有権はオーナー家で継承しつつも、現実の事業経営は役員・社員から内部昇格した後継経営者に承継するという、いわゆる「所有と経営の分離」というスキームを取るケースも増加している。前節で述べた「ホールディング経営」が、その典型的なモデルである。

図表4-3　資本・財務ソリューションオプション

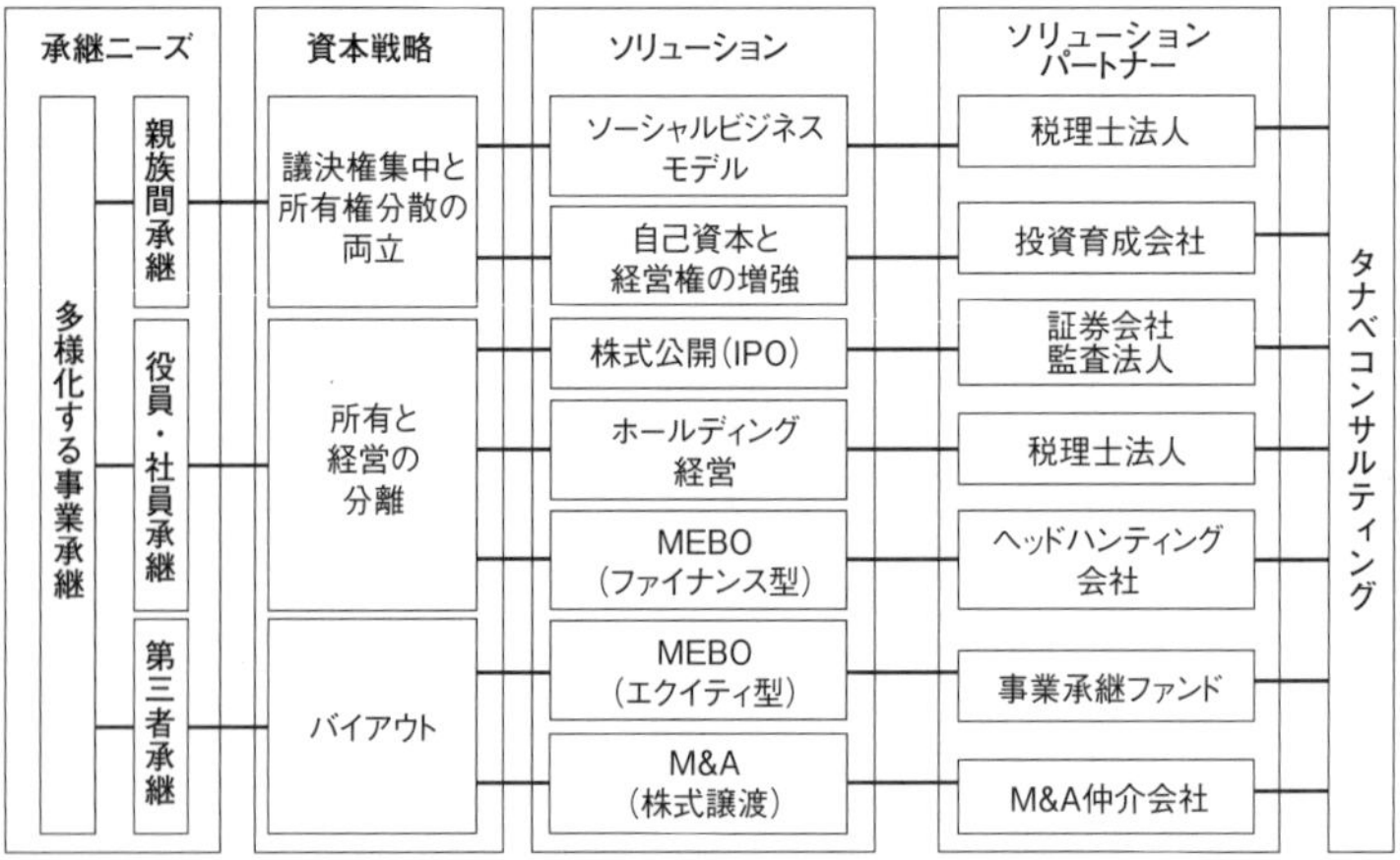

他方、親族内や役員・社員に後継者候補がいないケースも多い。その段階になって初めて検討されるのが「バイアウト（買収）」である。M&Aにより、企業の所有権そのものを第三者へ譲渡するスキームが典型である。現在、後継者不足に伴う株式譲渡は急増している。しかしながら、事業承継は「親族内承継」「役員・社員承継」の順番で考えるべきであり、M&Aはあくまで最終手段として選択されるべきであろう。もっとも、企業が存続し、事業の継続と社員の幸福をかなえるという大義がなければ成立しない。

このように事業承継とは、あらゆる選択肢について吟味を重ねたうえで、最終決断をすべきマター（問題）である（**図表4-3**）。安易な決断をすれば、ステークホルダーとの間にハレーション（摩擦）を起こしかねない。

熟慮して決断する

事業承継の目的は、企業をより良く存続させることにある。よって経営者の世代交代を円滑に進めることだけでなく、経営の節目において企業をさらに進化させ、あらゆるステークホルダーにとっての企業価値を高めていくことが大切である。一般に事業承継は、オーナー家の相続税対策や自社株の継承対策を主に連想しがちであるが、それらはオーナー株主における利害調整の次元の話である。

タナベコンサルティングの事業承継コンサルティングが目指すところは、経営者の腹に落ちる事業承継ストーリーを構築し、実行の最終決断を得ることだ。経営者は相続税対策など安易な利害のレベルで、承継ストーリーを決めてしまわないことが重要である。

コンサルティングの期間はおおむね六カ月（**図表4-4**）。クライアント企業側のメンバーは現世代の経営者と相対で進める場合が多い。必要に応じて〝番頭格〟の役付役員や後継者が加わるケースもある。タナベコンサルティングからは事業承継の経験が豊富なベテランコンサルタントを総括責任者として、事業、組織、資本・財務などの専門コンサルタントを配して対応する。

キックオフでは、事業承継の目的について目線合わせをするところから始め、事業承継の仮

図表4-4　事業承継コンサルティングのスケジュール（例）

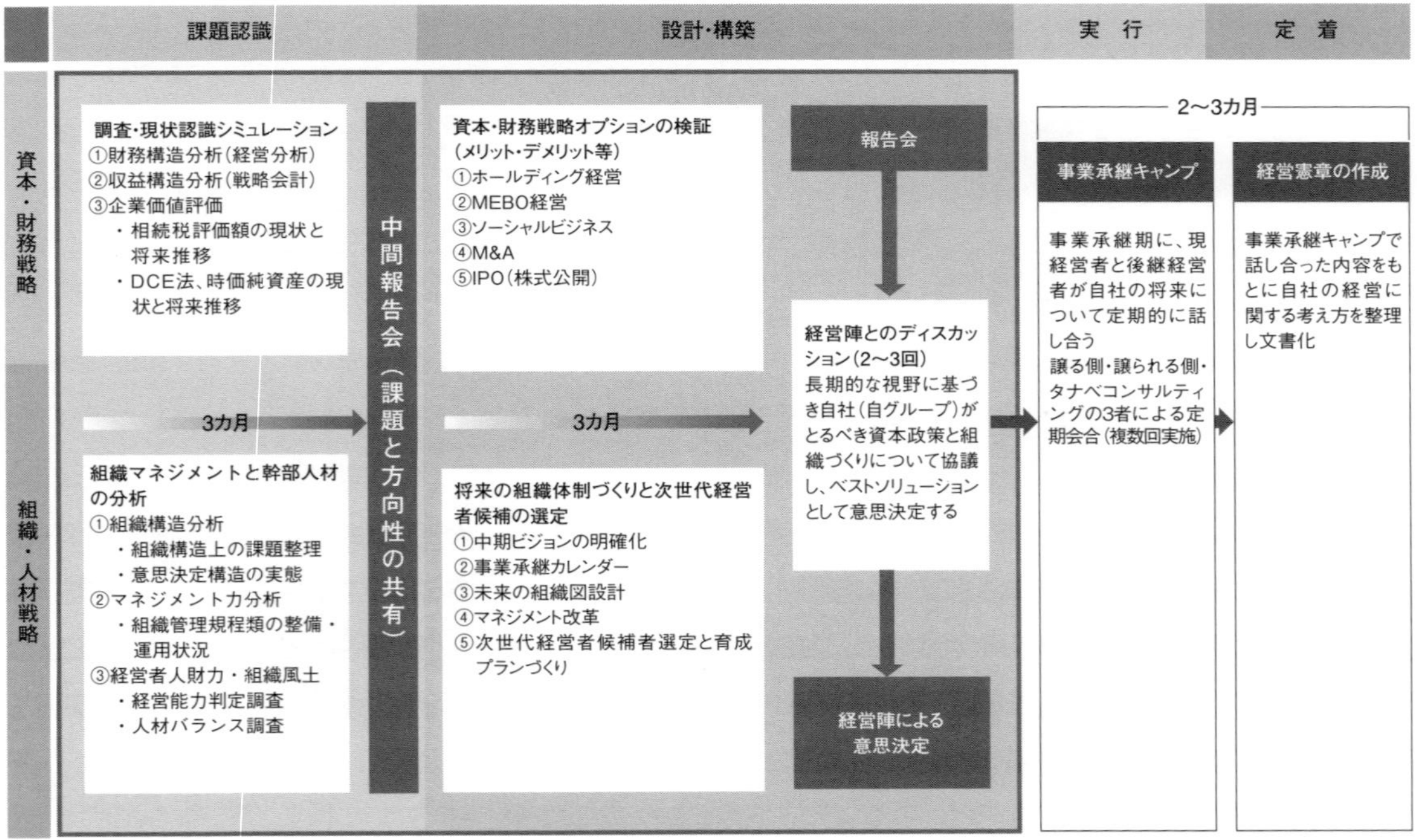
課題認識
設計・構築
実　行
定　着
資本・財務戦略
組織・人材戦略
調査・現状認識シミュレーション
①財務構造分析（経営分析）
②収益構造分析（戦略会計）
③企業価値評価
・相続税評価額の現状と将来推移
・DCE法、時価純資産の現状と将来推移
組織マネジメントと幹部人材の分析
①組織構造分析
・組織構造上の課題整理
・意思決定構造の実態
②マネジメント力分析
・組織管理規程類の整備・運用状況
③経営者人財力・組織風土
・経営能力判定調査
・人材バランス調査
3カ月
中間報告会（課題と方向性の共有）
資本・財務戦略オプションの検証（メリット・デメリット等）
①ホールディング経営
②MEBO経営
③ソーシャルビジネス
④M&A
⑤IPO（株式公開）
3カ月
将来の組織体制づくりと次世代経営者候補の選定
①中期ビジョンの明確化
②事業承継カレンダー
③未来の組織図設計
④マネジメント改革
⑤次世代経営者候補者選定と育成プランづくり
報告会
経営陣とのディスカッション（2〜3回）
長期的な視野に基づき自社（自グループ）がとるべき資本政策と組織づくりについて協議し、ベストソリューションとして意思決定する
経営陣による意思決定
2〜3カ月
事業承継キャンプ
事業承継期に、現経営者と後継経営者が自社の将来について定期的に話し合う
譲る側・譲られる側・タナベコンサルティングの3者による定期会合（複数回実施）
経営憲章の作成
事業承継キャンプで話し合った内容をもとに自社の経営に関する考え方を整理し文書化

説スキームを共有する。この時点における仮説スキームは絞り込まれておらず、複数の案があるケースが多い。キックオフでは、それらの具体的なメリット・デメリットの検証ではなく、なぜその案を選択するのかという価値判断基準を相互に共有し、経営者の考え方に共感することが重要となる。

キックオフが終了したら、タナベコンサルティングによる現状認識調査に入る。事業承継は総合的な戦略であるため、その範囲は事業戦略、組織マネジメント、財務・収益・資本と広範になる。事業そのものの存続価値、後継体制としての組織カルチャー、税務リスクも踏まえた企業価値などを現地調査、資料調査、マネジメント人材アセスメントなどを通じて多角的に検証していくこととなる。あくまでも経営者の価値観を軸に、キックオフ時で共有した仮説スキームの検証、またその代替スキームの立案と検証を立体的に進めていく。

現状認識期間はおおむね二、三カ月であり、その結果を経営陣にレポートする。そのレポート内容は経営者の価値観という絶対基準に、各スキームにおける具体的なメリット・デメリットなどの相対基準を加えたものになる。そのレポートをたたき台として、経営者とのディスカッションを重ね、対策案を徐々に絞り込み、かつ絞り込んだ具体案を深掘りし、肉付けしていく形で最終的な意思決定に導いていく。

完成した事業承継スキームはおよそ一〇年間の事業承継計画となる。タナベコンサルティングではそれを「事業承継カレンダー」と称している。現時点を起点に、まず一〇年間のうち、どの時点で誰に経営者のポジションをバトンタッチするかを示す。また経営者だけでなく、そのブレーンとなる人材をどのように配していくのか、自社株を誰にどのようなスキームで継承するのかなど、時系列に整理する。

このようにして完成した事業承継プランは、必ずしもその通り実行されるものではない。しかしながら、ぶれない価値判断基準を軸に最適と判断されるスキームを描き、その実行プランを策定することで、大きな道筋ができる。事業承継に向けて何から着手しなければならないのかが明確になり、第一歩を踏み出せることが何よりも価値となる。環境が変化すれば事業承継プランも変化するが、そもそもプランがなければ変更する手段も選択することができない。大きな目的に向けて一つひとつ判断しながら、一歩一歩、前に進めていくことが大事なのである。

本節冒頭で、現在は第三世代の後継経営者が増えたと述べたが、そのような世代は創業世代と違い、オーナー家であっても一枚岩ではない場合が多い。価値判断基準がオーナー家で一様でない場合、同族株主が目先の利害で対立することも多く、それを一握りの派閥が独自の価値観で強引に推し進めようとすると、感情的な対立に発展する場合も多い。第三世代でバトンを受け継いだオーナー家の経営者は、企業が長期的に存続することを第一目的としながらも、創業者が追い求めた理念をしっかりと受け継ぎ、かつオーナー家の他の株主が不利益を被らないよう最大限に配慮をしなければならない。大胆かつデリケートな取り組みが求められるなか、数多くの矛盾に対して道筋を示していかなければならない。

事業承継は、経営マネジメントそのものの煩雑さに時間軸が加わった、まさに複雑系の極みである。その対応にあたっては、経営者と同じ目線で考え、かつ経験豊富な事業承継コンサルタントをアドバイザーにするのが賢明といえるだろう。

ケースメソッド　電力用機材メーカーJ社
「親族内承継」選択→二〇年長期プランで後継者育成

J社は一九五〇年代に設立された電力用機材の製造・販売会社である。独自の技術によるオンリーワン製品を全国に安定供給している。高付加価値かつ高収益のビジネスモデルを維持し、業績も安定している。そのようななか、創業六十余年を迎えた同社は、創業家三代目の新社長が事業を承継した。同氏の年齢は四〇歳代後半で、マネジメント経験が乏しかった。そのため番頭格の専務との二人三脚で経営している。専務は社長よりも年長であり、経営者としての経験も豊富だが、非同族のため、社長を支えながら、J社を長期的な視点でより良く存続させるにはどうすればよいか頭を悩ませていた。

社長は四〇歳代後半で代表に就任したばかりのため、J社は（通常であれば）事業承継について考える段階にはない。しかしながら、社長は第三世代であり、所有する議決権割合は一五パーセント弱と心許なかった。また、創業家の親族株主は第二、第三世代を合わせて二〇名近くに増えていたが、そのうちJ社の経営に関与している者は社長自身を含めて数名しかおらず、大多数は自社株を財産として所有している状態で、いわば経済的な利害関係者であった。

社長には子どもがおらず、長期的な視点での資本構成はきわめて不安定な状況であった。J社との事業承継コンサルティングは六カ月間であったが、当初の目的はJ社の最適な株主構成を考え、それに向けたスキームを意思決定しようというものであった。現状のグループ会社をどう再編するのか、「社員持ち株会」などの安定株主をどう構成するか、社長以降の経営体制や自社株の継承をどう考えるのか、などを具体的に議論していった。もとより、社長と専務の間では日常的に事業承継の話題で会話をする機会もなく、長期的な展望での会社の存続など議論したこともなかった。

そのため、タナベコンサルティングを交えて月一回、三~四時間ほど膝を突き合わせてディスカッションするなかで、新たな気づきを得られたり、考え方を整理したりすることができたことについては、一定の価値があった。しかしながら、事業承継は一朝一夕に答えが出るテーマでもないため、複数のスキームを検討しても、当初はなかなか「腹落ち感」を得ることができなかったのも事実である。

事業承継には大きく「親族内承継」「役員・社員承継」「第三者承継（バイアウト）」の三形態があるが、このうち第三者承継については、同社はそもそも検討の前提に置いておらず、「役員・社員承継」についても、これまで経営感覚を養うような教育をしてこなかった経緯もあり、候補者として挙げづらい現状があった。このため、当初より「親族内承継」の選択肢しかなかったのだが、消去法のような決め方でもあったため、力強い決断にはなりにくかった。

しかしながら、数回議論を重ねていくうちに、徐々に社長と専務の腹も決まり、「親族内承継しかないのだから、ファミリービジネスとして成功する方法を考えよう」という機運に変わった。社長には子女はいないものの、二〇歳代の従兄弟と、同じく二〇歳代の甥が同社に入社しており、次世代の後継者候補として長期的に育成していこうということになったのである。

後継者候補が定まれば、おのずと事業承継対策が導かれる。同社では二〇年間の事業承継カレンダーを作成して、それをベースとして地に足のついた後継者およびブレーンの育成プラン、グループ会社の組織再編プラン、安定株主構成の最適化プランを策定していった。

一方で、ファミリービジネスとしての創業家の経営の関わり方についても議論しなければならなかった。ファミリーとしての価値判断基準の統一や、定期的なコミュニケーションの取り方、ファミリーとしてのガバナンスのあり方などは、タナベコンサルティング側から社長および専務に対しレクチャーを施した。これらのテーマについては当初、経営陣には強い認識がなかったが、今後、長期的に取り組んでいかなければならないだろう。

結果として、練り上げられたJ社の事業承継プランはきわめてシンプルなものであり、当初の仮説と大きく変わるものではなかった。しかしながら、原則論として頭でわかっているつもりのものでも、時間をかけて議論をし、あらゆる代替案も検証するプロセスを経ることで、「腹決め」することが何より大切といえる。そのプロセスを経ずに出した結論では、その後の実行力や変化対応力に雲泥の差が出るものなのである。

12 グループ経営システム

課題 グループ各社のシナジーが発揮できない

対策 グループ経営プラットフォームのデザイン

アウトプット／成果 シナジーが高い企業グループの形成

目指すべきグループ経営とは

近年、事業承継を迎えた企業が増加している影響もあり、M&Aや分社化などを戦略的に進める動きが顕著である。それに伴い、M&Aや分社化により形成した企業グループの経営をどのように進めるかが、大きな経営課題となっている。

グループ経営でよく見られる課題は大きく五つのケースに分類される。一つ目は、グループとしての方針や戦略がないまま経営がなされているケース。二つ目は、その時々の判断によってM&Aや分社化を進めた結果、子会社数が増加していく一方で、その子会社を管理するレベルが追いついていないケース。三つ目は、中核事業会社の権限・影響力が大きく、各事業会社の部分最適が優先され過ぎるケース。四つ目は、すでにホールディングス体制に移行している場合、グループ本社（ホールディングカンパニー＝持ち株会社）がグループ全体の司令塔として、各事業会社に対して「横串」を通し、経営資源の最適配分や事業評価、実効的な経営管理のプラットフォームを構築する機能が発揮されていない。つまり、ホールディングカンパニーの機能が十分に発揮されていないというケース。そして五つ目は、事業会社の「自律分権」を掲げながら、実際には結果管理すらせず放任状態に陥っているケース、である。

これらの課題に対して、グループ経営とはどのようなものであるべきなのか。その目指すべきグループ経営とは、

●グループ共通の価値判断基準が存在している
●各事業会社よりグループ全体の最適化を優先する（シナジー・事業ポートフォリオによる全体最適化）
●グループ本社によるグループ全体のガバナンス構造
●グループ本社によるグループ全体のマネジメントシステム
●グループのオペレーションコストを最小化する仕組み

――がしっかりと確立している経営体制にほかならない。

「あるべきグループ経営」の構築メソッド

では、この「あるべきグループ経営」を実現する経営体制をどのように構築すればよいのだろうか。タナベコンサルティングは、「グループ経営システム構築支援コンサルティング」というメソッドをクライアントに提供している（図表4－5）。

まず、グループ経営システム構築支援コンサルティングは、大きく三つのフェーズから構成されている。「調査・課題抽出」⇒「設計」⇒「運用・定着化」の三つであり、それぞれに専門コンサルタントがサポートする体制で進める。最初の調査・課題抽出のフェーズⅠにおいては、現状、どこまで実行されているか、何が不足しているかを中心に調査・分析する。グループの会社数などにもよるが、一般的には二カ月の期間で設定する。

フェーズⅡは、グループ経営システムの設計である。大きく分けて五つのテーマで設計していく。このフェーズでは、クライアント側にもプロジェクトチームを組成し、タナベコンサルティングのコンサルタントとともに構築していくケースが多い。また、五つのテーマにおいても、企業によりすでに実施しているテーマなど優先順位もあるため、個別テーマで対応するケースも多い。

では、五つのテーマとその内容について説明しよう。グループ経営システムにおける五つの

図表4-5　グループ経営システム構築支援コンサルティング体系図

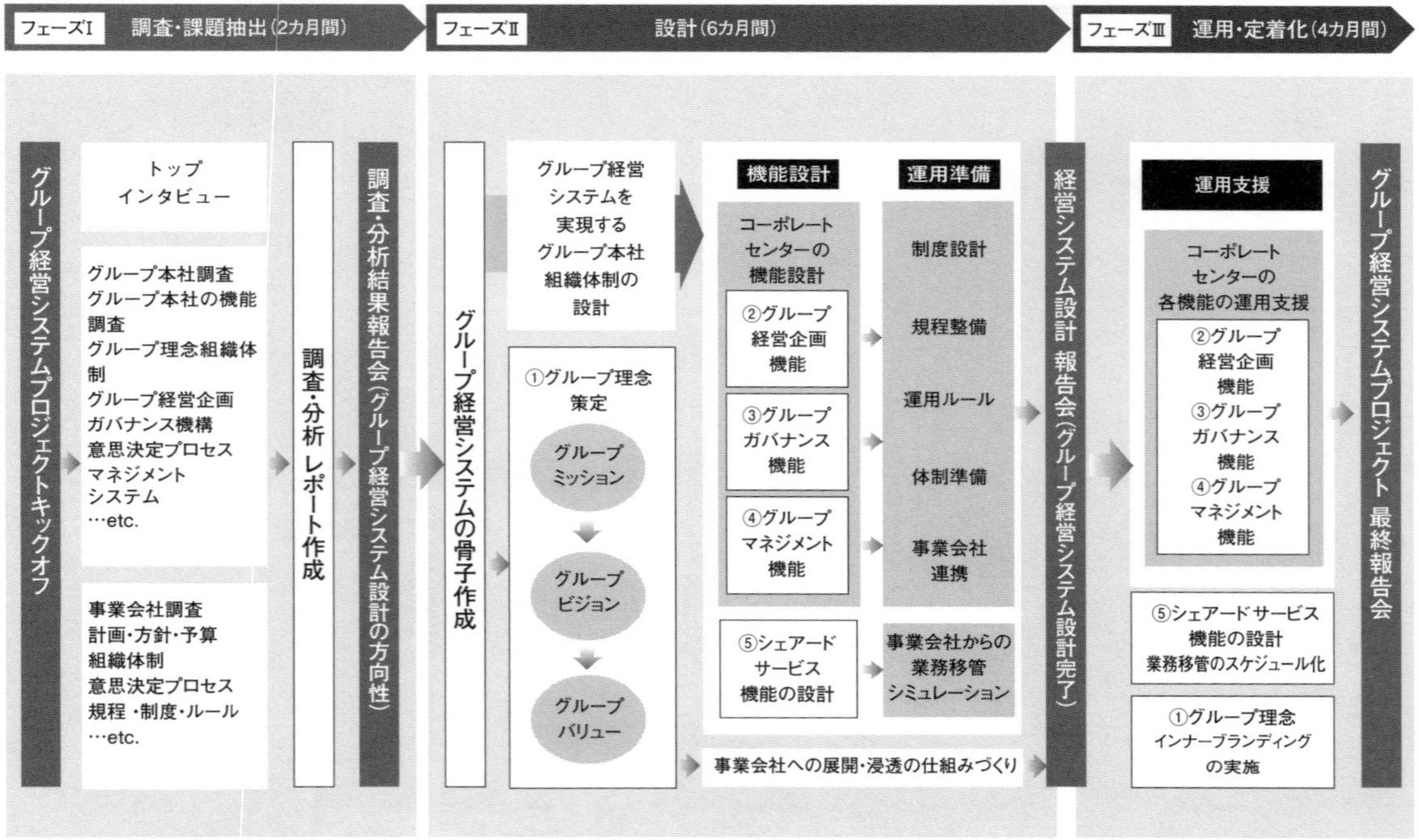

フェーズⅠ　調査・課題抽出（2カ月間）
フェーズⅡ　設計（6カ月間）
フェーズⅢ　運用・定着化（4カ月間）
グループ経営システムプロジェクトキックオフ
トップインタビュー
グループ本社調査
グループ本社の機能調査
グループ理念組織体制
グループ経営企画
ガバナンス機構
意思決定プロセス
マネジメントシステム
…etc.
事業会社調査
計画・方針・予算
組織体制
意思決定プロセス
規程・制度・ルール
…etc.
調査・分析レポート作成
調査・分析結果報告会（グループ経営システム設計の方向性）
グループ経営システムの骨子作成
グループ経営システムを実現するグループ本社組織体制の設計
①グループ理念策定
グループミッション
グループビジョン
グループバリュー
機能設計
コーポレートセンターの機能設計
②グループ経営企画機能
③グループガバナンス機能
④グループマネジメント機能
⑤シェアードサービス機能の設計
運用準備
制度設計
規程整備
運用ルール
体制準備
事業会社連携
事業会社からの業務移管シミュレーション
事業会社への展開・浸透の仕組みづくり
経営システム設計報告会（グループ経営システム設計完了）
運用支援
コーポレートセンターの各機能の運用支援
②グループ経営企画機能
③グループガバナンス機能
④グループマネジメント機能
⑤シェアードサービス機能の設計
業務移管のスケジュール化
①グループ理念インナーブランディングの実施
グループ経営システムプロジェクト最終報告会

テーマとは、

①グループ理念の策定
②グループ経営企画機能の設計
③グループガバナンス機能の設計
④グループマネジメント機能の設計
⑤シェアードサービス機能の設計

――である。

一つ目のテーマは、「グループ理念の策定」である。当然、多事業であることから各事業会社の事業理念などはすでに存在している場合が多い。だが、グループとしてのミッション、ビジョン、バリュー（価値観）を明確にする必要があるし、そのグループアイデンティティーを策定するだけではなく、社内外へどのように発信・浸透させるかを決めることが大切である。

二つ目のテーマは、グループ企業価値（シナジーと事業ポートフォリオ）の最大化を実現する戦略、方針、計画を立案する「グループ経営企画機能の設計」である。具体的には、グループ・ビジョン・マネジメント、事業ポートフォリオ（資源配分）の決定、グループ事業計画（予算）の策定、グループブランディングをどのように実施、運用していくかのルール・仕組みを構築することである。

三つ目のテーマは、グループとしてのルール、意思決定プロセス、権限と責任を明確化する「グループガバナンス機能の設計」である。具体的には、ホールディングカンパニーと事業会社のどちらに、どこまでの責任と権限を持たせるか、また、その意思決定プロセスをどうするか、会議体も含めて設計する。それ以外にもコンプライアンスリスク管理や事業会社の監査制度なども含めたグループ諸規程の整備が必要である。

四つ目のテーマは、グループ全体を管理・評価するマネジメントシステムで、特に事業会社の業績向上を実現する「グループマネジメント機能の設計」である。具体的には、グループ管理会計システム、グループ業績マネジメント、グループ人材マネジメント、グループＣＭＳ（キャッシュ・マネジメント・システム）の設計である。仕組み自体の構築になるが、この部分はどこまでシステム化するかも見据えた設計が不可欠である。

五つ目のテーマは、共通オペレーションの集中処理を実現する「シェアードサービス機能の設計」である。グループ全体におけるオペレーション業務の集中化と効率化が目的であるが、当然、事業会社で実施したほうがよい業務もあり一概にすべてを集中化するものではない。どこまでの業務をホールディングカンパニーで実施するかを判断する必要がある。一般的には財務会計、債権回収管理、労務管理、給与関係、ＩＴインフラなどを集中化することが多い。

以上の五つの機能設計を六カ月間で実施する。

フェーズⅢは、運用・定着化である。フェーズⅡで設計した各機能を実際に運用し、見直しを行って改善していくフェーズで、期間は四カ月である。設計段階で想定していた状況の変化や外部環境の変化に対応する必要があり、実際に導入した後に想定外のことが発生する可能性もあるため、運用と並行して見直しを行う。また見直すだけではなく、グループ理念について社内浸透を図るためインナーブランディングを実施。シェアードサービス機能の運用においては、業務移管のスケジュール化とその推進などをこのフェーズで実施する。

各フェーズの終わりには、それぞれ報告会を開催し、調査、設計、運用・定着化の状況を共有しながら進めていくため、社内でのコンセンサスを取りながら推進していく。

このメソッドにおいて特に大切なことは、これら五つのテーマを、グループ全体の整合性を取りながら、スケジュールに沿って確実に推進していくことである。その意味では、部門横断での推進体制確保が不可欠であり、全社での取り組みと協力が必要である。

次に、グループ経営システム構築コンサルティングの成功事例を挙げ、具体的な取り組みについて説明する。

ケースメソッド

グループ経営体制構築→トップ依存脱却を目指す

住宅メーカーK社

住宅メーカーであるK社は、住宅事業に加え、近年は事業の多角化を図っており、観光・宿泊関連事業、介護施設運営事業、アグリ関連事業など一〇社の子会社を有する企業グループを構成している。

現在、グループにおける意思決定は現社長を中心としたトップダウン型の構造である。現社長体制から次世代への事業承継を見据え、グループ全体の意思決定構造を次世代へ引き継ぐ必要があった。しかしながら、現状は社長の意思決定に依存する傾向が続いていた。社長は、今後はグループ各事業の経営を次世代経営者が担わなければならない、との強い思いを持っており、「仕組みで経営できる体制」をいち早く構築したいと考えた。その意向を受けたタナベコンサルティングは、グループ経営システムの構築を支援するコンサルティングを実施することになった。

K社は、事業領域が異なる複数の事業会社を有していることから、グループのガバナンス機能とマネジメント機能の設計を優先した。グループを形成しているものの、純粋なホールディングス体制ではないため、まずはK社本体のガバナンス体制やマネジメント体制についての調査・分析からスタート。ガバナンス体制では権限と責任、および意思決定プロセスから見直しを図り、決裁権限の委譲を進めて役員や部門長の権限範囲を拡大した。当然、現場との乖離を防ぐため、部門長以上とのすり合わせも並行して実施し、現場の意見も確認しながら決定していった。

それに伴い、社内の会議体も見直した。ポイントは、それまで多くの会議に出席していた社長の参加頻度をあえて絞り、原則として会議参加を最小限度にとどめた点である。会議の運営主体者に大きな責任を持たせるとともに、関係者間の自由な議論や調整の場を設けることで、実践型の社長人材育成の機会を創出した。とはいえ、「手を離しても目を離すな」である。意思決定プロセスの報告はすべて集約され、社長に共有される仕組みとなっている。

そして、マネジメント体制については、現状の部門別管理会計や人材採用・育成体系について現状分析を実施し、事業別のKPI設定や業績評価項目、グループ全体での採用、人材育成体系の構築を実施する予定である。

K社本体の現状分析を受け、各事業会社自体の権限と責任のバランスやグループ企業の管理規程の整備を実施した。具体的には、役員人事や報酬ルール、決裁・稟議ルートの決定、グループ内人事異動ルールの検討などである。従来は明文化されていなかった事項に対して基準を明確にした。グループ経営のインナーブランディングとして、社内でも高い評価を受けている。

一方、ガバナンス機能のうち着手できていないのが、各事業会社に対する監査体制である。権限委譲を進めるうえでルール通りに意思決定がなされているか、不正がないかをチェックする機能を構築する必要がある。それを踏まえた内部監査業務マニュアルやチェックリストの作成、監査実施スケジュールの整備を実施していく予定である。

グループマネジメント機能として、さらに強化しなければならないことが、グループ人材マネジメントの設計である。これまではK社本体の社員採用と人事異動で事業を担ってきたが、今後はさらなるグループ拡大を見据えて、グループとしての採用体制、人材育成体系、評価システムも整備しなければならない。

現在、設計中の制度はまだ部分的運用にとどまるが、将来のグループ経営への完全移行を見据えて、グループ全体の意思決定機関とするグループ取締役会やグループ経営会議などの開催ルールと決議事項の決定、グループとしてのコンプライアンス憲章やBCP（事業継続計画）の策定なども必要となる。そのためには、経営企画機能を有する組織デザインをいつの時点で設計するかも含めた長期的ロードマップの策定が不可欠である。

K社グループも、次世代へ事業承継を実現するための長期ロードマップを作成した。このロードマップに従い、これから必要とされるグループ経営システムをいつまでに構築しなければならないかを判断・推進している。

13 グループ社長育成

課題　社長の後継ぎがいない

対策　経営者早期育成プログラムの導入

アウトプット／成果　子会社トップの育成と次期社長候補の確保

後継者育成システムの不在

ホールディングス（持ち株会社）化、クロスボーダーM&A（国境を越えた合併・買収）、親族外承継に伴う分社化――。グループ経営のスタイルが多様化する一方で、コーポレートガバナンス（企業統治）の強化、働き方改革、BCP、DXといった時代の潮流は、経営スタイルのアップデートを強く要求している。

環境変化のスピードが速くなり、これまでに経験したことのない課題が山積するなか、グループ経営における経営課題の解決は「グループ各社」のトップの経営力に委ねられている。換言すれば、グループビジョン、グループミッションの自社の立ち位置を踏まえ、事業会社の成長戦略、組織・人材をマネジメントし、臨機応変に意思決定を行う決断力を持った「社長力」の高い経営メンバーの有無が、一〇年後のグループ経営の成否を決めるといっても過言ではない。

二〇一五年に金融庁と東京証券取引所が公表した「コーポレートガバナンス・コード」（会社の持続的な成長と中長期的な企業価値の向上のために制定）においても、後継者育成施策（サクセッションプラン）について触れられている。

サクセッションプランの特徴は、人事部よりも経営層の関与が高いことにある。米国では、社長をはじめとする経営幹部が後継者を指名し、次世代を担う人材を、彼ら・彼女らの責任において計画的に育成するということが一般的である。該当するポストが空席になった際は、迅速に適切な人材を配置し、権限と責任の空白を極力排除することが可能となる。

一方日本では、一部の大手企業がこうした取り組みを始めているが、主要ポストへの候補者だけでなく、ポストを特定せずに一部の若手人材を選抜し、特別な教育を早期から受けさせる選抜型育成との併用が一般的である。

コーポレートガバナンス・コードは上場企業が行う企業統治において、ガイドラインとして参照すべき原則・指針であるが、「持続的成長に向けた企業の自律的な取り組みを促す」という点においては、上場の有無や企業規模は関係ない。非上場企業でも部課長クラスのマネジャー層に適切な人材を育成・配置し、将来に備えていくことが多くの企業で求められている。

社長の一〇〇日スタートアッププラン

タナベコンサルティングは、企業内で「社長力」の高い経営メンバーを育成する有効なメソッドとして、「社長の一〇〇日スタートアッププラン」というグループ経営者育成プログラムをクライアントに提供している。これは、

●「商い」のできる人を創る（価値を創造し、堂々と「稼ぐ」ことができる人をつくる）

●「やり方」も大切だが「あり方」を問い続ける（社長業を学ぶとは「決断」を体得することでもある）

●「一〇名の社長をつくる」（社長の数だけ会社が成長するモデルをつくる）

――という三つを狙いとしている。具体的には、五つのテーマと八つのコンテンツにより、社長業の本質のほか、ビジネスモデル設計、投資判断、組織デザインや経営計画書について学ぶ（図表4-6）。

後継者人材に求められることは何か。言い換えると、どういう能力を兼ね備えれば、経営者と呼べるのか。これを大別すると、儲かる事業・商品は何かを見抜ける能力（開発感覚・ニーズ感覚）である「事業センス」と、販売・生産（仕入れ）・開発・財務・管理をバランスさせ、総

図表4-6　5つのテーマと8つのコンテンツ

■真の社長（経営者）に必要な5つのテーマ

マネジメント力（リスクヘッジ・コンプライアンス）	決断力（意思決定）	先見力（ビジョン）	成長戦略構築	組織デザイン 人材デザイン

■テーマを体得する8つのコンテンツ

成長要因	マーケット	高収益モデル	投資とマネジメント
組織デザイン	経営疑似体験	共感を得る事業計画	社長クオリティー

↓

「社長の100日スタートアッププラン」
社長業の当初100日間を躊躇なく邁進するためのステートメントを作成。即実行する

合的に運営する能力である「経営センス」である。

いくら後継者を決めたからといって、何も予備知識がないうちに「経営せよ」と指示したところで、その人は困惑するに違いない。伸びしろがある有望な人物でも、期待する結果が得られる確率は低くなってしまうだろう。この事業センス・経営センスという二つの能力は、正しいステップを踏むことができれば一〇カ月という期間で伸ばし、磨くことが可能だ（**図表4-7**）。

まず必要となるのは、何といっても「社長業とは何か」ということである。その本質や、経営の原理・原則などを押さえ、社長に求められる役割と責任を理解することから始まる。そして、今後の戦略を構築していくためには、これまでの成長過程や成長要因を正しく把握しなければならない。過去の成長の節目や、現在まで会社を発展させた要因を押ささ

図表4-7 経営者育成プログラム全体像

	事前準備（1カ月）	インプットフェーズ（5カ月）					アウトプットフェーズ（4カ月）			
実施月	1カ月目	2カ月目	3カ月目	4カ月目	5カ月目	6カ月目	7カ月目	8カ月目	9カ月目	10カ月目
	事前準備	第1回	第2回	第3回	第4回	第5回	――	第6回	第7回	第8回
テーマ	事前準備およびキックオフ	グループの成長要因と社長業の理解	マーケット分析と成長戦略の構築	高収益ビジネスモデルを学ぶ	投資戦略とマネジメント力を磨く	成長の壁を突破する組織デザインとリスクマネジメント	中間フォロー	企業経営・疑似体験プログラム	事業計画をつくる	社長クオリティーと持続的成長に向けた要件整理
内容	・キックオフに先立ちグループの財務分析を実施。 ・個別面談により各社・個人の課題感を共有したうえで、キックオフにて「プログラムの目的、成果目標、全体像、実施内容」を共有する。	・グループがどのように成長してきたか、成長要因を徹底的に分析する。 ・また、社長業の本質（決定責任）を理解し、全員経営を学ぶ。	・顧客の価値観や経営の価値観の変化に合わせて、自社の成長モデルを考える。 ・また、長期的な市場動向や顧客ニーズの変化を読み取り、新機軸の事業・商品を考える。	・自社の収益モデルについて現状否定から入り、どのように付加価値を伸ばすか具体的に検討する。 ・また、他社の高収益ビジネスモデルを学び、自社との違いや適用できるポイントなどについて考える。	・企業価値、事業価値を継続的に向上させるための投資判断基準について学ぶ。 ・また、来期末の自社のバランスシート計画（資金使途と源泉を明確にしたキャッシュフロー計画を含む）をつくる。	・働き方改革やダイバーシティー経営も含め、企業の成長に合わせた組織スタイル・人材育成モデルを設計。 ・また、グループ経営におけるコンプライアンスリスク、ガバナンスリスクを学び、リスクマネジメントの観点から企業経営をデザインする。	・第1～4回における欠席者に対するサポート講座（補講）を実施する。 ・また、個別面談（リアルor TV会議形式）により、個社別（事業単位別）の課題解決に向けたアドバイスを実施する。	・1社当たり参加者5～8名で会社をつくり、ゲームのなかで他社との企業間競争を行う。 ・キャッシュフロー経営、会社の成長、業績を上げるノウハウを体験する。	・経営計画の軸となる理念・ビジョンを明確にし、基本方針・戦略の骨格を固める。 ・また、自社の3カ年の中期経営計画もしくは新たなビジネスモデル（事業創造）案を策定する。	・社長としてのあるべき姿「やるべきこと」「やめるべきこと」を定め、グループの持続的成長を遂げるための要件整理を行う。 ・「社長の100日スタートアッププラン」を完成させる。
プログラム	プログラム説明（幹部適性診断の実施）	グループディスカッション（成長過程と成長要因分析）	ケーススタディー（マーケット分析と戦略設計）	ケーススタディー（成長戦略設計）	ケーススタディー	ケーススタディー（戦略型組織の構築と自社のHRモデル設計）	サポート講座（補講）	財務講座	ケーススタディー（中期経営計画策定）	100日プランプレゼンテーション
	社長ヒアリング	グループディスカッション（社長に求められる役割と責任）	グループディスカッション（成長戦略設計）	グループディスカッション（ビジネスモデル設計）	グループディスカッション（財務分析と財務体質強化策）	グループディスカッション（グループ経営におけるリスクマネジメント）	個別面談	企業戦略ゲーム※	グループディスカッション（自社の中期経営計画）	グループディスカッション（グループの持続的成長に向けた要件整理）
参加者	社長、メンバー	メンバー	メンバー	メンバー	メンバー	メンバー	メンバー	メンバー（その他可）	メンバー	メンバー

※タナベコンサルティングが提供する経営シミュレーションゲーム

えるとともに、過去の成長要因がこれからの成長要因になるのかどうかを検討し、今何を変えなければならないのか、どのような段階にきているのかを把握することである。

　そして、次のステップでは、マーケット分析により外部環境をあらゆる切り口で見極めることだ。顧客ニーズの変化スピードは速く、多様化している現状において、マーケットがどうなっているかを知ることは欠かせない。自社の事業領域においてマーケットの変化はどうなのか、成長戦略を描けるかどうかなど、検討事項は多岐にわたる。それらを踏まえたうえで、自社のビジネスモデルを高収益へと進化させていく。

　ビジネスモデルが明確化すれば、その実現に向けた戦略的投資計画や組織デザイン、経営システムといった経営戦略の構築へと進んでいく。何に投資をするのか、また回収計画はどうなのか、ビジネスモデルの実現に最適な組織体制やガバナンスなど、マネジメント体制の構築も忘れてはならない。いくら秀逸なビジネスモデルであっても、組織内にほころびがあれば水の泡となってしまうことを肝に銘じていただきたい。

ケースメソッド

ヘルスケアグループL社
育成プログラム運用→活躍人材一〇〇人が誕生

ヘルスケアを事業領域とするL社（創業四〇年）は、社員数一万人超、グループ企業二三社を擁する、連結売上高一〇〇〇億円超の大手企業である。二〇〇九年からグループ経営者育成プログラムによって社長づくりを行いながら急成長してきた。

もともと同社は、七名の創業メンバーを中心とした経営スタイルだったが、創業三〇年目に差しかかった頃から第二世代の経営者が会社を率いるようになった。年商規模も三五〇億円に達し、リーダーシップの転換期を迎えた。そこで、「年商一〇〇〇億円突破」「株式上場」「全国展開」という目標を掲げるとともに、〝年商一〇億円に一人の経営者が必要〟との原理・原則に従い、一〇〇人の経営者育成を目指すプロジェクトをスタートした。

同プログラムを実施した結果、修了生はこれまでに一四〇名を超え、そのうち一三名が実際に経営者（社長）として活躍している。また、各地域で陣頭指揮を執る支社長や幹部層にも多数のOB・OG人材を送り出し、それぞれが経営の屋台骨を支えている。現在、同社は前述した三つの目標をすべて達成し、グループ社数も二〇社を超える規模に拡大した。それをけん引しているものの一つが、グループ経営者の育成プログラムであることは言をまたない。

L社はこのプログラムにおいて、広い視野とマネジメント知識で新規事業を創造し、全体最適で成長発展させる戦略思考を持つ「社長」人材の育成を目指している。そのため一年間のプログラムでは、次の三つのテーマ（および成果物）を組み合わせて運営している。

①リアルミッション

リアルミッションとは、他社の経営者に実際の経営課題を語ってもらい、その課題解決を自社の〝ミッション〟と定義し、新規事業案や新製品・サービス開発案、ユニークな働き方改革案などについて、研修課題として検討するものである。このプログラムを通じて導いた答えはミッション提供者（他社経営者）に最終報告し、実際の経営課題解決を通じて「発想力」「構想力」「論理性」や「経営者の思考・突破力」を学ぶ。

自社ではなく、他社の経営者が抱える課題解決を行うため、業種・業界・慣習の違いを知ることで視野が広がると同時に、他社の経営者と膝を突き合わせて共に解決していくプロセスを通じて、「社長業のあり方」を体得できる。

②新規事業開発

グループ経営者育成プログラムの最終成果物として新規事業案を役員陣に提案し、取締役会で採用された案件についてはプログラムメンバーから代表者が選ばれ、会社の新規事業としてスタートする。

新規事業開発では、自社のミッション、経営戦略、ビジネスモデルを踏まえて、「社会に対して自社がやるべき事業とは」という視点が求められるため、内・外部環境や自社のミッションについて深く考えることができる。そうした広い視野とマネジメント知識に基づき新事業を創造することで、全体最適によって会社を成長発展させる戦略思考を養う。

また、この取り組みは「社内ベンチャー制度」も兼ねている。メンバー自身が実際に事業を進めていく臨場感を持ちながら、事業計画や具体的なアクションプランの策定を行っている。

こうした新規事業の開発プロセスと実践こそが、社長業を学ぶ機会となっている。

③中期経営計画策定

一〇年後の会社のビジョンを描く過程を通じ、「社長業」を学ぶ。一〇年後の会社を取り巻く環境や業界の構造を、日本市場だけでなく世界の動向も踏まえて把握する。それを踏まえたうえで、一〇年後の会社のあるべき姿（事業・組織・収益構造）を導き出す。そのプロセスによって、社長業に必要な未来を描く力が養われていく。

L社の社長は「自社のビジネスの要は『人財』だ。人財を育てるため、教育を大事にしていかなくてはならない。経営者育成プログラムでは人財育成と新規事業開発を目的に一年間実施しており、異なる部署の社員と一緒に学び、考える研修を通して大局観が養われている」と語っている。

L社は一〇年以上にわたるプログラム運用を通じて一〇〇名の人材が育ち、それぞれがグループ会社の社長や支社長として最前線で活躍している。現在、グループ会社社長・支社長の候補者となるプログラム修了生も一〇〇名近く存在している。企業の持続的成長と、社員が自ら判断して実行できる会社を実現しつつある。

第５章

HRモデル

14 ジュニアボード

課題 次代の経営者層が育っていない

対策 ジュニアボードの設置・運営と戦略キャンプ

アウトプット／成果 経営者視点を持つ人材の養成・確保

企業の人材不足＝マネジャーが足りない

タナベコンサルティングが全国の企業経営者・管理職などを対象に実施した調査（二〇二二年九月）によると、不足していると感じる人材に関して五二・三パーセントの企業が「マネジャー（管理職）」と回答した。日本企業の半数以上で、トップの価値判断に沿って部門を動かす人材が顕著に不足している。足りないのはマネジャーだけではない。後継者の不足も深刻だ。

帝国データバンクの「全国企業『後継者不在率』動向調査」（二〇二二年一一月）によると、同社が分析可能な全国約二七万社のうち後継者がいない企業は一五・四万社に上り、後継者不在率は五七・二パーセントと半数を超えている。

後継者不在企業は、「経営者の交代」「資本の継承」「経営ブレーンの承継」「事業の承継」という四つに取り組まなければならない。このうち経営者の交代と資本の継承に取り組む企業は多いものの、経営ブレーンの承継と事業の承継に取り組む企業はきわめて少ない。また、いかに優秀な後継者がいる企業であっても、その後継者を支える経営ブレーン（幹部）がいなければ持続的成長は実現できない。

能力があり、優秀な幹部であっても、部門のプロフェッショナルや部門経営者であって、他部門のことにまで意見やアドバイスができ、会社全体を踏まえた視点を持ち合わせた幹部は少ないというのが現実だ。

戦略リーダーを輩出するジュニアボード

経営ブレーンと事業の同時承継を実現するメソッドが「ジュニアボード」である。多くの企業で導入されているジュニアボード制度の起源は、香辛料で知られる米国マコーミック社が、一九三〇年代に考案・実施したのが最初といわれている。一九三二年にC・P・マコーミックが三六歳の若さで同社の新社長に就任した際、社員の意見を経営に反映させるため、本来の役員会とは別に社員が参加する疑似役員会や各種の委員会を設置。この経営スタイルを、同社では「複合経営制（Multiple Management）」と呼び、設置された疑似役員会を「ジュニアボード（Junior Board of Directors）」と称した。

ジュニアボードでの期待効果

ジュニアボードでの期待効果は次の三点である。

●実践的なマネジメント力を習得する

自社の現状認識と今後進むべき方向を自由に考え、発案させる場をつくる。

●経営陣と同じ価値観を持たせる

全社ビジョン・方針の策定プロセスに参画することにより、「自分ならどうするか」と考える意識を持たせる。

●経営意識を醸成する

ジュニアボードのテーマは自社の課題そのものであり、常に全社的視野で考えさせる。

ジュニアボードでは、日常業務では決して味わえない緊張感や、選抜されたことに対する責任感がモチベーションにつながる。また、プロジェクトではなく経営システムとして運用することで、将来の経営人材となる戦略リーダーが輩出される仕組みとなり、企業の持続的成長が可能となる。

中堅企業の場合、ジュニアボードシステムにより育った戦略リーダー人材が、そのまま事業の中枢の役割を担うケースがある。この場合、中期経営計画を策定したメンバーが中心となり、社内プロジェクトを立ち上げて関わることで、推進力へとつなげることが望ましい。

ただし、ジュニアボードとまったく同じメンバーでは社員の一部しか関わることができず、他の社員からは「何をやっているのかがわからない」「自分には関係のないこと」と思われてしまい、会社全体の一体感は醸成されない。組織そのものを活性化させていくためには、次世代メンバー（次のジュニアボード候補者）の参画は欠かすことができない。

また、プロジェクトにおいてもリーダーやメンバーを固定化させず、フレキシブルに入れ替えていくことで、重要なポストを任せられる中堅社員の成長と、次世代人材の発掘・創出を促していく（図表5－1）。

社内で立ち上げたプロジェクトが、リーダーの力量不足や運用ノウハウの不備でうまく進まない場合、外部研修の活用や優良企業視察などを経営システムに組み込む手段もある。リーダーシップの発揮を期待する社員に対し、体系的な教育を行わず、いざリーダーに据えるとプロジェクトの推進力が低下してしまうケースは往々にして起こり得る。よってマネジメントの基

図表5-1　ジュニアボードによるプロジェクト推進体制

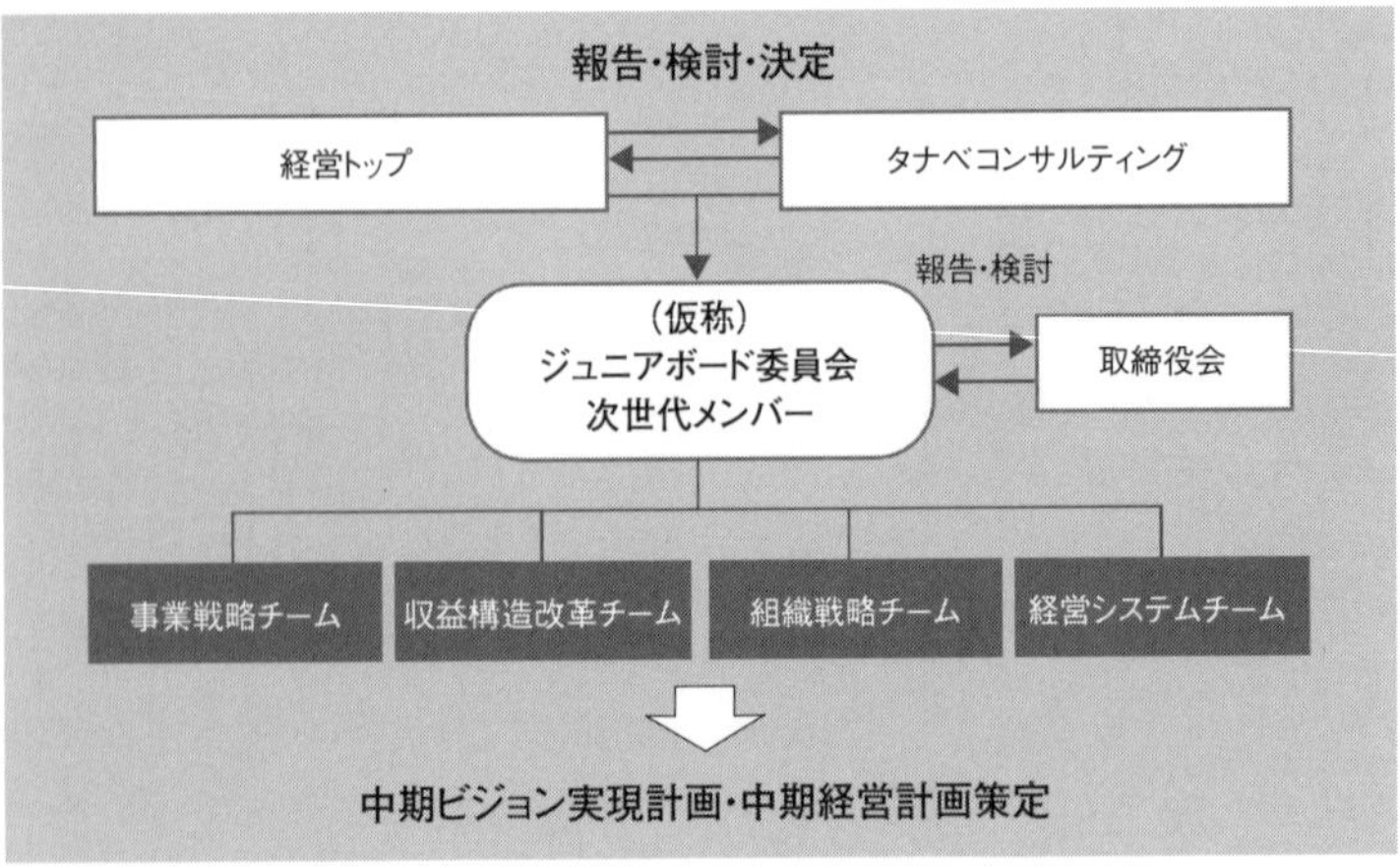

図表5-2　戦略リーダーのストック化

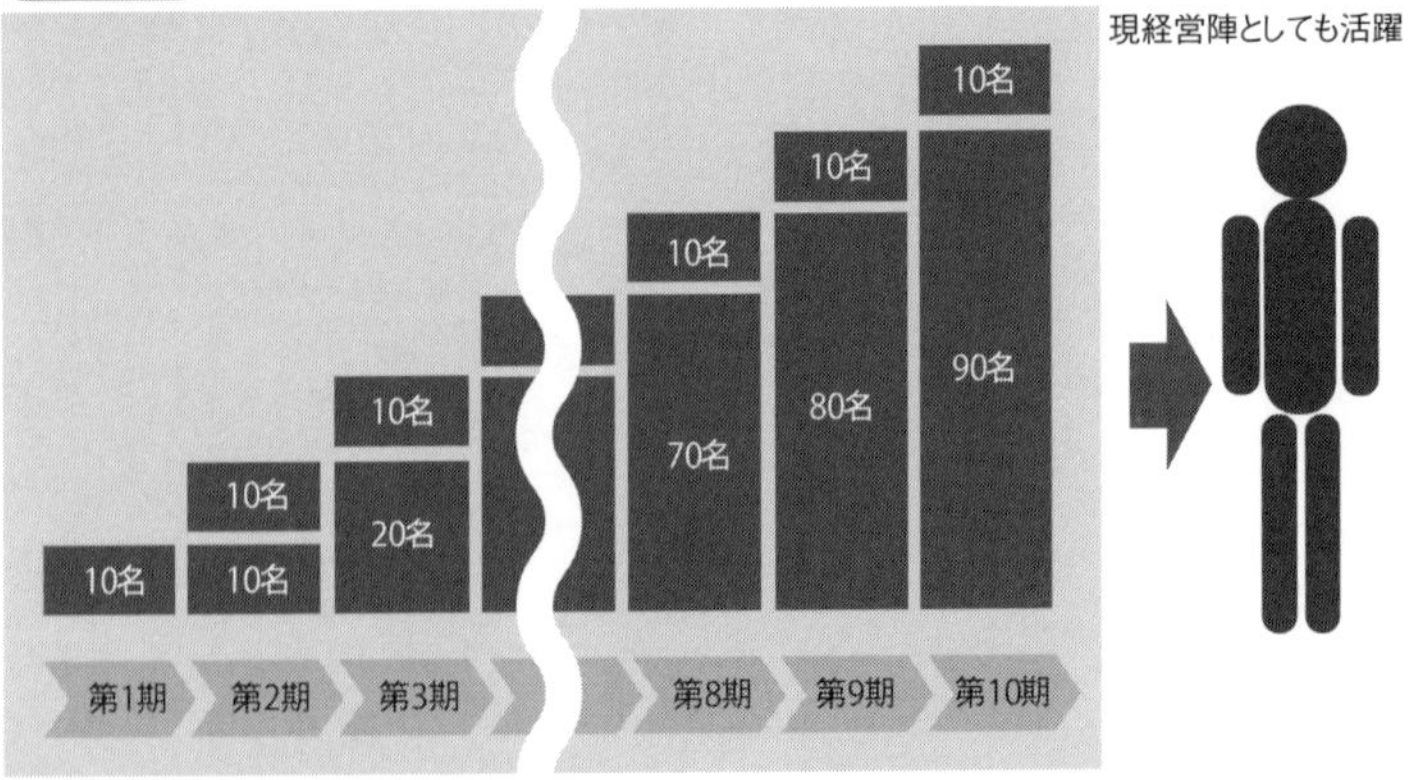

合計100名を超える戦略リーダー人材を輩出・ストック化

図表5-3　ジュニアボード（中期経営計画策定型）の推進スケジュール

ステップ	テーマ	期間	概要
1 導入	事前準備	2カ月	①決算書分析 ②人材特性分析 ③組織・人事上の課題分析 ④ブランディング戦略サーベイ
	ジュニアボードの発足		①運用プラン・メンバー選定 ②ジュニアボードキックオフ
	基礎講座		①事業・経営戦略 ②財務・アカウンティング ③ビジネスモデル分析
2 運営 フェーズ ①	事業戦略分析	4カ月	①需要構造・環境分析 ②事業別KSF（重要成功要因）分析 ③事業競争力分析 ④事業ポジショニング分析 ⑤存在価値分析
	経営戦略分析	4カ月	①組織力分析 ②人財力分析 ③財務力分析
3 運営 フェーズ ②	事業戦略の策定	5カ月	①組織改善策の策定 ②人材強化改善策の策定 ③マネジメントシステム改善策の策定 ④機能別重点施策の策定
	経営戦略の策定		①全社ビジョンの策定 ②事業戦略の策定 ③競争優位性戦略の策定
	経営計画・アクションプランの策定		①中期経営計画の策定 ②アクションプランの策定

↓

経営陣への中期経営計画のプレゼンテーション

本や、リーダーとしての素養を高める目的で定期的・計画的に外部研修へ参加させるなどして、経営人材をストックしておく必要がある（**図表5‐2**）。

ジュニアボードの推進スケジュール

ジュニアボード（中期経営計画策定型）の推進スケジュールは、**図表5‐3**の通りである。経営幹部であっても、経営知識（事業戦略、経営戦略、アカウンティング＝企業会計）を有する人材は少ないものだ。そのため、ジュニアボードではステップ1で基礎講座を実施し、経営知識の補完を行う必要がある。その後、ステップ

2、ステップ3で自社の現状を踏まえたうえで、自社のミッションに沿って改善の方向性を打ち出し、中期経営計画書として完成させる。

ケースメソッド　建材販売業M社

五カ年中期経営計画の提言→三つの新規事業立ち上げ

M社は、衛生・空調資材・ガス関連資材や加工・ポンプ事業を展開する建材商社である。子会社として機械工具・配管材料販売会社と管工事機材の総合商社を有し、グループ三社の総売上高は一三〇億円である。

M社がジュニアボードに取り組んだのは、建設業界がさまざまな問題（慢性的な人手不足や資材不足など）を抱えるなか、「何でもそろう」「即納体制」という従来のビジネスモデルだけで顧客の課題を解決していくのは難しいと社長が危機感を抱いたことがきっかけだった。グループ全体の売上高が一〇〇億円を超え、今後も持続的に成長していくためには、事業・経営システムの転換と経営幹部人材（ブレーン）の拡充が急務であった。

そこで同社はジュニアボードを発足。一泊二日の「戦略キャンプ」（合宿）を行うなど、ボードメンバーが多くの時間をかけて、会社の未来について話し合った。そのなかで、顧客に対しては従来の強み（「何でもそろう」「即納体制」）に加え、建設現場の工事を工程通りに進めるためのサポートが不可欠との認識で一致。工程順守という顧客の不安を解決する新たなサービスが求められているという思いから、「円滑な現場を技術でサポートする」ことを自社のミッションとした。

そのミッションに基づき、三つの新規事業と、中期ビジョンを実現するための組織体制強化のアクションプランを形にし、役員陣にジュニアボードとしての五カ年中期経営計画を提言した。

中期経営計画発表後は、「ビジョン推進プロジェクト」（攻め）と「組織体制強化プロジェクト」（守り）を、ジュニアボードメンバーが戦略リーダーとして推進した。メンバーは自らが計画を策定したため、当事者意識により責任感を強く持ち、計画達成へ主体的に取り組んだ。また、通常業務に加えてプロジェクト活動という複数の役割を担うことで、時間管理術とリーダーシップを体得したほか、現場目線だけでなく一段高い視座から物事を考える習慣が身につくなど、メンバー自身の成長にもつながった。

その翌年には、一つ目の新規事業として、現場での顧客の要望に合わせてパイプを加工（ねじ切り、溝切り）するサービスを開始。他社との差別化につながった。さらに、二つ目の新規事業としてプレハブ加工を始めた。これはマンション向けの給水・給湯配管について、各部品を組み立てた状態で現場に納品するものだ。当初は、顧客から「商社がそこまで手掛けるのか」

と驚かれたが、現場に入ったばかりの職人でも容易に設置できるため、工期短縮につながるとして高い評価を得ている。そして中期経営計画の最終年度に、三つ目の新規事業となるEC（電子商取引）事業を立ち上げた。産業構造が変化するなか、同社は川上（メーカー）と川下（小売業）の機能を取り込むことで、川中（卸売業）の枠を超えた「多機能型商社」へ進化を遂げるとともに、ジュニアボードが目指した「深刻な建設業界の人手不足を解消する付加価値の高いサービス」を実現した。

同社は、ジュニアボードで策定した五カ年中期経営計画で描いた通りに三つの新規事業を立ち上げ、トップダウンだけではない経営スタイルを実現した。同社はこのほど持ち株会社を設立してホールディングス体制へ移行し、機能をさらに増やしながらマルチファンクション型商社を目指す長期ビジョンを描いている。そして現在も、ジュニアボードメンバーが核となって、既存の枠組みにとらわれない新たな技術、機能の提供にまい進中である。

15 人事制度

課題 社会情勢とミスマッチの人事制度を変えたい

対策 理念に沿ったジョブ型人事評価の導入

アウトプット／成果 戦略に合った人事制度確立と組織活力の最大化

社会的潮流と戦略に対し、人事制度や運用が不釣り合いに

人事領域に関する企業の悩みは、次の四つの限界に大別できる。

①理念（パーパス、ミッションなど）の限界

企業においては経営理念をもとに、経営戦略・施策のすべてが実行される。ただ、その理念が社会的要請とフィットしていないと、人材を引きつけたり、定着（リテンション）したりすることが難しい。

例えば、松下電気器具製作所（現パナソニック）創業者・松下幸之助の「水道哲学（蛇口をひ

ねれば出る水のように低価格・良質な製品を大量供給する)」は、その当時(同社の第一回創業記念式で社員に告示された一九三二年)の社会環境からすれば時宜にかなった経営哲学であったが、現代社会では受け入れられなくなりつつある。そうした廉価商品の大量生産・大量販売という思想が、やがて大量消費社会を生み出し、大量のムダと環境破壊をもたらしたからである。したがって現在は、社会への貢献を考えるのであれば、大量の廃棄物を資源に再生して再利用し続ける「循環型経済(サーキュラーエコノミー)の実現」と言い換えたほうがよいだろうし、働く人にとってもやりがいがある。企業の戦略にもよるが、そうした理念を他社に先んじて打ち出すことによって、マーケティング上で優位に立てるかもしれない。

二〇二〇年、トヨタ自動車が新しい経営理念体系「トヨタフィロソフィー」を策定し、新たなミッションとして「幸せを量産する」と定義した。また、積水ハウスは二〇二〇年からの三〇年ビジョン(グローバルビジョン)として「『わが家』を世界一幸せな場所にする」を掲げた。さらにスイスの経済学者でダボス会議(世界経済フォーラム年次総会)創設者のクラウス・シュワブ会長が、二〇二一年のダボス会議のテーマを「グレート・リセット」とした真意について、「人々の幸福を中心とした経済に考え直すべきだ」と発信した。「経営理念を変えてはいけない」ということがこれまでの定説であったが、もし、理念やビジョンが今の社会情勢や経済環境に対して最適でないのであれば、再明文化や改定も必要となる。

②ビジネスモデルの限界

自社のビジネスモデルの特徴について、真っ先に「伝統」というキーワードが出る企業は要注意である。なぜなら、時として〝伝統〟という言葉はビジネスの限界を覆い隠すための表現に使われるからだ。同じ活動や事業を、同じように長く続けることが〝伝統〟と考える企業は多い。だが、必ずしもそうではないし、それは先達（創業者）の意志でもないだろう。極論だが、同じ物事をただ守り続けることに価値や意味があるのなら、私たちは今でも洞窟で暮らし、食料を求めて山野を駆け回っているはずだ。

企業が生き残りを図るには、時代に応じて生活の糧（ビジネスモデル）を変え、発展させていく必要がある。例えば、「家」ではなく「暮らしや人生」、また「寝具」ではなく「睡眠や回復」というように、自社が展開する事業領域を独自の定義で再設定し、新しい領域へとシフトしている企業がある。

ビジネスモデルを変えるには、当然のことながら経営戦略を変えなければならない。「組織は戦略に従う」（アルフレッド・チャンドラー）というように、戦略が変われば組織や人の役割も変わる。組織や人の役割を変えるためには人事制度を変える必要がある。逆にいえば、ビジネスモデルを変えなければ、人事制度はなかなか変えられない。

一方、ビジネスモデルは秀逸であっても、人材力が下がりやすいことにも注意を要する。市場や事業が伸びていることと、人材の質が伸びていることはイコールではなく、むしろ逆のことが多い。成長している市場・事業は往々にして慢性的に人手不足であり、質をあまり考慮しないまま人材を確保するからである。かき集めた社員にさほど教育を施さなくても、市場や事業が波に乗っているため個人成績は伸びるのだ。しかし、好調な業界でも一〇〜一五年、IT業界などであれば一〜五年で、ビジネスが成熟期から衰退期に入る。そのあたりの人材レベルを見ると、離職率の増加やモチベーションの低下により人材の質が下がるケースが多い。

③制度そのものの限界

日本企業における人事制度の設計思想は、その時々の社会・経済環境に合わせて、時間→能力→成果→職務→価値へと変化している。すなわち、戦後復興期は時間の管理に始まり、高度経済成長期には能力（≒年功）で管理し、バブル崩壊後は成果を重視するようになった。そして社会構造や環境の非連続な変化に伴い、人の遂行能力（職能）ではなく、人が担当する仕事（職務）を評価することに変化してきた。現在は職能から職務へのシフト段階であり、さらにそこから「どのような価値やインパクトをもたらしたか」という〝価値主義〟へとさらに変化することは間違いない。この「価値型」を〝人事制度五・〇〟とすると、現状の変化レベルはまだ三・五といえる（変化の段階を示すものであり、数字が大きいほど良い制度というわけではない）。

つまり、今の環境や戦略と、人事制度にギャップがある場合は即改善を要する。

④価値観の限界

日本企業の雇用形態は、「メンバーシップ型」（終身雇用や年功賃金を前提に会社の裁量で転勤・異動が行われる雇用形態）が主流であり、「ジョブ型」（職務内容や勤務地、労働条件に基づいた雇用形態）は少数であった。ただ、最近は長期的な景気低迷と経済のグローバル化に伴い、終身雇用や年功序列という価値観が崩れ、ジョブ型に移行しつつある。経済環境が大きく、また速く変化する一方で、年齢は下げることができないため、在籍年数とともに役職や賃金が上がる従来の人事制度は機能不全に陥っている。

また、社員においても、働くことに対する価値観が変わってきた。経済的・物質的な豊かさに加えて、自己成長や自己実現、あるいは社会貢献など、仕事を通じてどのような付加価値が得られるかを重要視する人も増えている。また、一人ひとりの価値観の多様化も進んでおり、ライフステージや個人の事情に合わせてキャリアを柔軟に変化させていく考え方も広まりつつある。

さらに、最近のビジネスパーソンは出世意欲の低下が著しい。パーソル総合研究所が二〇二二年にアジア太平洋地域の一四カ国・地域で実施した調査結果（グローバル就業実態・成長意識調査）によると、「管理職になりたい」と思う人の割合はインド、ベトナムなどで八割以上を占め、ほとんどの国が五割を超えたのに対し、日本は二割（一九・八パーセント）と断トツに低かった。これまで日本人の労働に対する価値観といえば、収入と出世ばかりが注目されてきたが、現在は昇給・昇格昇進だけでは不十分になりつつある。

スポーツであれビジネスであれ、チームワークが良好な組織は強い。ただ、社員にチームワークと結束力を求める一方、ビジネスモデルや業務プロセスを変えないまま、モチベーションを上げようとする人事制度づくりは不可能である。前述したように、個人のスキルに焦点を当てた、職務型（ジョブ型）をはじめとした人事思想・人事制度への転換が大きく求められていることは間違いない。

ケースメソッド　製造業N社

人事制度改革→人材の能力・スキルをアップデート

社会的潮流や戦略との融合

人事領域に関する企業の悩みは、前述した四つの限界だけでなく、ＳＤＧｓ（持続可能な開発目標）やESG（環境・社会・ガバナンス）投資といった社会的潮流との整合性も挙げられる。企業の業容が拡大するほど、事業活動が地球環境や地域社会に与える影響は大きくなる。CSR（企業の社会的責任）を求める声も高まっていることから、サステナブルな取り組みに対応していくことは企業の利益にも資する。

部品加工会社であるN社は、大口取引先のセットメーカーが資材調達方針に「SDGsへの積極的な対応」を追加したため、全社でSDGs貢献活動を展開することとなった。ただ、それを方針に掲げてみたものの、直接的に社員の利益にはならないため、現場レベルでの活動がなかなか進まなかった。方針の実行性を高めるためには、SDGsへの取り組みを評価制度に組み込む必要があった。

また、N社は高齢化が進んだ社内の若返りを図るため、積極的に新卒採用活動を展開していた。その一環で、若手の積極的な幹部登用を打ち出すため、従来から運用していた年功的人事制度の改定に乗り出したものの、職人的気質が強い現場の反発を招いてしまった。このように、経営方針・戦略と人事制度の乖離が目立ち始めたN社は、人事制度改革に踏み切ることを決め、自社の方針・戦略に対して人事はどうあるべきなのかを徹底的に議論した。

次に、N社での人事制度再構築（図表5-4）のプロセスを例に、制度設計の考え方について解説していく。

図表5-4　人事制度再構築スケジュール（18カ月）

実施項目	1月	2月	3月	4月	5月	6月	7月	8月	9月	10月	11月	12月	1月	2月	3月	4月	5月	6月
課題整理・現状分析	■	■	■															
事業分析	■	■	■															
組織分析			■	■	■	■												
人事分析					■	■	■	■										
人事ベクトル設計								■										
組織整理								■	■									
職務整理									■	■	■	■	■					
企業・職務価値分析											■	■	■					
グレーディング													■	■	■	■		
評価制度構築																■	■	
賃金制度構築																■	■	
その他人事制度構築																	■	■
ガバナンス																	■	■
新人事制度マニュアル策定																		■
評価者研修	■	■	■	■	■	■	■	■	■	■	■	■	■	■	■	■	■	■
リーガルリスクのケア	■	■	■	■	■	■	■	■	■	■	■	■	■	■	■	■	■	■

トレードオフか、コンパチブルか

労働市場から広く優秀人材を集める大企業の場合、できるだけ職務型かつ「ユニバーサル（汎用的）」な人事制度が好ましい。一方、特殊なブランド・事業や独自の経営方針を持つ企業の場合は、「ユニーク（個性的）」な人事制度が求められる。いずれにせよ、世間一般のトレンドに沿うのではなく、自社における最適な人事制度を議論することが重要である。

また、今選択しようとしている人事施策は、トレードオフ（Aを得るためにBを犠牲にする）なのか、コンパチブル（A、Bどちらも両立させる）なのかを議論する必要もある。例えば、社員の多能工化（マルチスキル化）を目指す場合は、得た能力で処遇が決まるため、ポジションが限定されてトレードオフになる「職務型」より、「職能型」の人事制度のほうが評価しやすい。だが、多能工化することで就けるポジションについて、長期的に財務を圧迫しない、または利益創出と相関する場合（例えば医療機関で「内科＋整形外科」など複数の職能を担う医師がいると、社会的・地域的に意義は高いため業績へのインパクトが高まる）は、人数無制限にできる範囲（等級やバンド）を設計してもよい。N社では職務型の制度設計を行うこととした。

事業を理解し、業務・職務を洗い出す

人事制度の設計では、自社のコアコンピタンス（企業の中核的能力）、ケイパビリティ（企業の組織的強み）、コンピテンシー（高業績者の行動特性）は何なのか。さらには今後の課題は何か、マーケットや競合はどうなっていくのか、理想とする事業ポートフォリオや社会的インパクト（事業の運営を通じた社会的成果）をどう実現していくのか、まで理解する必要がある。また、具体的に「WHO（誰に）」「WHAT（何を）」「HOW（どのように）」を提供しているのかを捉える。なぜなら、それなくしては事業戦略と人事戦略が融合しないからである。

N社では自社の事業を理解するために、企業価値評価（Company Valuation）を行った。これは「コンソール（Console＝入出力装置）分析」（**図表5－5**）といい、音楽スタジオのミキサーのスライドレバーを上下させるように、自社の経営ビジョン・戦略のどこをどのように変えれば競争力を強化できるのか、また自社らしさがより表せるのかを考えていくためのツールとな

図表5-5　コンソール分析（例）

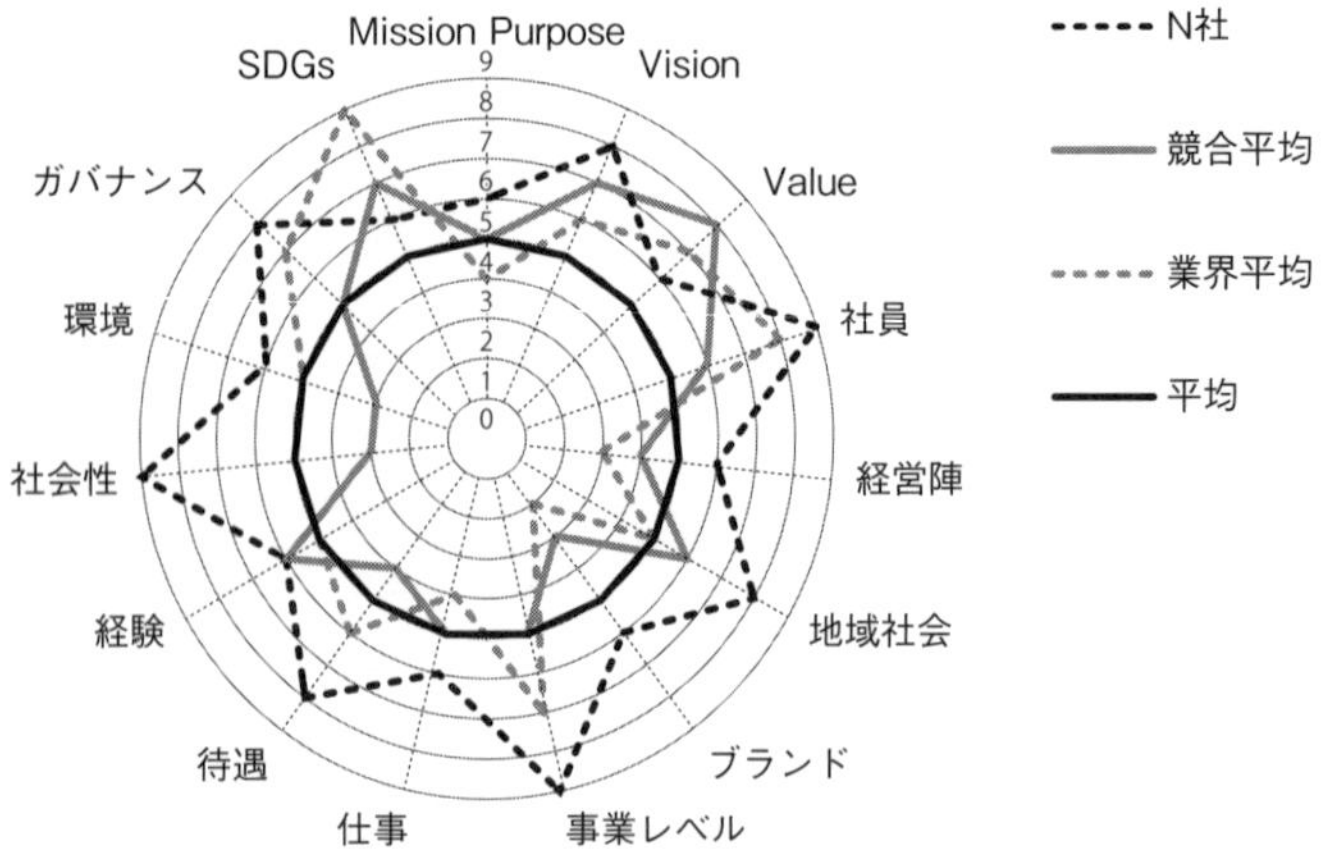

る。

トータルリワード（金銭的報酬と非金銭的報酬をバランスよく包括した報酬マネジメント体系）の観点に立てば、これ以外の分析項目も当然考えられるであろうが、ここでは一般的なもので分析した。いずれにせよ企業の価値は「賃金だけ良ければ良い」「ブランドさえあれば良い」というわけではない。

業務と職務の洗い出し

事業が理解できたら、次にどのような組織形態・体制・配置であれば、それを実現できるのかを検討する。できれば、ここでは業務分掌（部署・部門が担当する仕事）をさらに課業レベルまで落とし込んだ「業務記述書（Business Description《ディスクリプション》）」まで作成したい。次に行う職務記述書の作成のためにも、どのような組織や業務であるべきかの設計が重要になる。

次に、職務（各担当者に割り当てる仕事）全体を洗い出し、「職務記述書（Job Description）」を作成する。現在、職能型の人事制度を運用している企業であっても、その職能を定義するために職務を明確化しているはずである。それをより細かくしていくだけで十分なケースも多い。

外部企業との職務価値比較

自社の職務価値（報酬金額）を設計する際は、コンサルティングファームや人材紹介会社などが保有しているデータと比較するとよい。特に海外での事業展開を志向する場合、報酬体系は海外のマーケットプライスに合わせた職務型となるため、できるだけ広範囲・グローバルに適用できるデータソースをあたるべきだ。

また、人材紹介会社に自社の職務記述書を提出し、適正賃金水準について有料でコンサルテーションを受けるケースも増えている。職務の適正なマーケットプライスをもとに、格付けや賃金を決めるというわけだ。優秀な人材の離職引き留め（リテンション）を図りたければ、それにプレミアムを付ければよい。

グレーディング（等級・格付け）

次に全体のグレーディングを行う。例えば、同じ課長でも、マネジメント人数やコミュニケーション強度、組織への貢献度や業績インパクトによって格付けがある。グレーディングは次の①〜③の手順で実施することが多い。

①リテンション（離職防止）

まずは何よりもリテンションである。人事制度で失敗しているケースは、このプロセスを飛ばしているケースが多い。具体的には、マーケティングでペルソナ（架空の典型的ユーザー像）を設定するように、人事においてもリテンションすべき人材像を定義する必要がある。自社の戦略や人事方針に対し、いったい誰が理想の人材であり、人事戦略の変革によってどのようになるのかを想定するためだ。

②データの可視化（タレントマネジメント）

職務記述書やリテンションすべき人材像が確定したら、人事評価やコンピテンシーなどのデータを体系化・可視化する。現状がわからなければ、改善もできないからだ。データを可視化して、サクセッションプランニング（特定ポジションの後継者育成計画）に活用することで、初めて人事データは意味を持つ。そのため人事関連部門は、現在の人材やタレント（能力・スキル）を可視化し、常にアップデートを続けなければならない。

③格付け

これまでの情報をもとに、全体のグレード（等級や役職の位置）を整備し、人材を格付けする。

・定性……比較分類による序列化

・定量……要素（業績や組織へのインパクトやコミュニケーション、マネジメントの難易度など）や職務自体のポイント化による序列化

その後、実際に試験運用やテスト期間を設けて検証・チューニング（調整）を行うとともに、定期確認ルールなど運用方法も整備しておく。

評価・賃金制度の設計

①評価制度

評価制度を職務型にした場合、基本的にやるべきミッションが定義されているため、その達成度でシンプルに評価できる。これにコンピテンシーなどの要素を盛り込むことでオリジナリティーや柔軟性を付加していく。

②賃金（報酬）制度

賃金（報酬）制度は、職務を基礎とした基本給（Base Salary／BS）、短期インセンティブ

(Short Term Incentive／ＳＴＩ)、長期インセンティブ（Long Term Incentive／ＬＴＩ）の三つを基礎として設計することが多い。

職務がレーティング（序列化）できているため、これをベース給として扱う。同一労働同一賃金という観点からも、論理上はシングルレート（一つの等級に対して一つの基本給が決められる方式）ではあるが、一般的にすべての職務を厳密に定義することは現実的ではないため、ある程度のバンド（一定の上下幅）を設けたり、そのバンドをいくつか束ねたり（ブロードバンディングという）して調整する。実際、既存制度から新制度へ移行する際は調整が必要なことも多い。

短期インセンティブは賞与などの一時金が基本となる。すでに基本給で職務価値が反映されているため、「基本給×支給係数」で設計することが多い。その他、ポイント制度や、バンドだけを決めて責任者が金額を決定したり、合議で決定したり、あえてブラックボックスにしたりするなど、企業によってさまざまな方法とパターンがある。

長期インセンティブは、生涯年収や受け取り方法（ストックオプションや企業年金など）を基礎として設計する。その他、家族手当など企業の独自色があるものは、ポリシーに反しない限り、残したり追加したりしてもよいだろう。

16 戦略的人材採用

課題 入社してほしい人が来てくれない

対策 「人が集まる」チーム制採用システムへ刷新

アウトプット／成果 これからの会社を支える「未来人財」の獲得

雇用環境の変化

雇用環境が大きな転換期を迎えている。少子高齢化による人材獲得難、職務型人事制度と連動したジョブ型採用への転換、副業やフリーランスといった働き方の多様化など、雇用を取り巻く環境は激変した。さらには新型コロナウイルス感染症の流行によって企業は加速度的な変革を求められている。

「雇用」という大きな切り口で見ていくと、「ボーダーレス化」というキーワードが挙げられる。年齢や社歴の概念は排除され、「何によって貢献できるのか」「どのような仕事ができるのか」という採用軸に変化している。新卒採用においても、ＩＴ人材に年収一〇〇〇万円を提示する企業も出てきている。そのため採用戦略の再構築に向け、事業ビジョンを軸に組織戦略から検討し、そのうえで必要人材を採用するという流れが強くなっている。人材ありきのメンバーシップ型から大きく変化しているのだ。これまでは求める人材像について、コミュニケーション力や語学力などを重視する企業が多かったが、これからは「期待する役割・職務を担えるか」という見方に変化していくだろう。

「採用」という面においては、「応募者視点」というキーワードが挙げられる。これまでも重視されてきた視点ではあるものの、大きな環境変化に連動したスピード感のある対応が必要となっている。具体的には次の三点が挙げられる。

- 「自社に入社して取り組めること」を明示しているか
- 「オンライン環境」に対応し、自社をより正しく伝える工夫ができているか
- 「リアルな情報」を伝える手段を有し、応募者に安心感を与えることができているか

社会情勢の変化によって、「自分はこの会社で何を得られるのか」「自分はこの会社でどのような貢献ができるのか」という個人の仕事観に関わる情報を、非対面の制限されたコミュニケーションでも伝えられる方法を新たに構築していく必要がある。つまり、入社前後のギャップ

を正しく解消し、入社後に自分が活躍できる姿を思い描くことができるかという点が、これまで以上に求められるのである。

このような大きな環境変化において、採用戦略は「経営視点で見直す」ことが必須となる。当たり前のように続けてきた新卒採用や、欠員補充を中心とした中途採用を、自社のビジョンを軸にゼロから見直すタイミングがきている。タナベコンサルティングでは、経営視点で採用戦略を見直すため、事業軸と組織軸のディスカッションをしたうえで、「採用マーケティング」「採用ブランディング」「採用推進組織」という三つの視点で採用戦略を構築している。

採用戦略の構築

採用戦略の構築フェーズ（六カ月間）は、大きく「現状認識」「人材要件の明確化・目標設定」「採用戦略の構築」という三つのステップに分けられる（図表5 - 6、5 - 7）。

①Step1　現状認識

現状認識の段階においては、大きく三つの視点で整理し、課題を明らかにしていく。

図表5-6　採用戦略構築の体系図

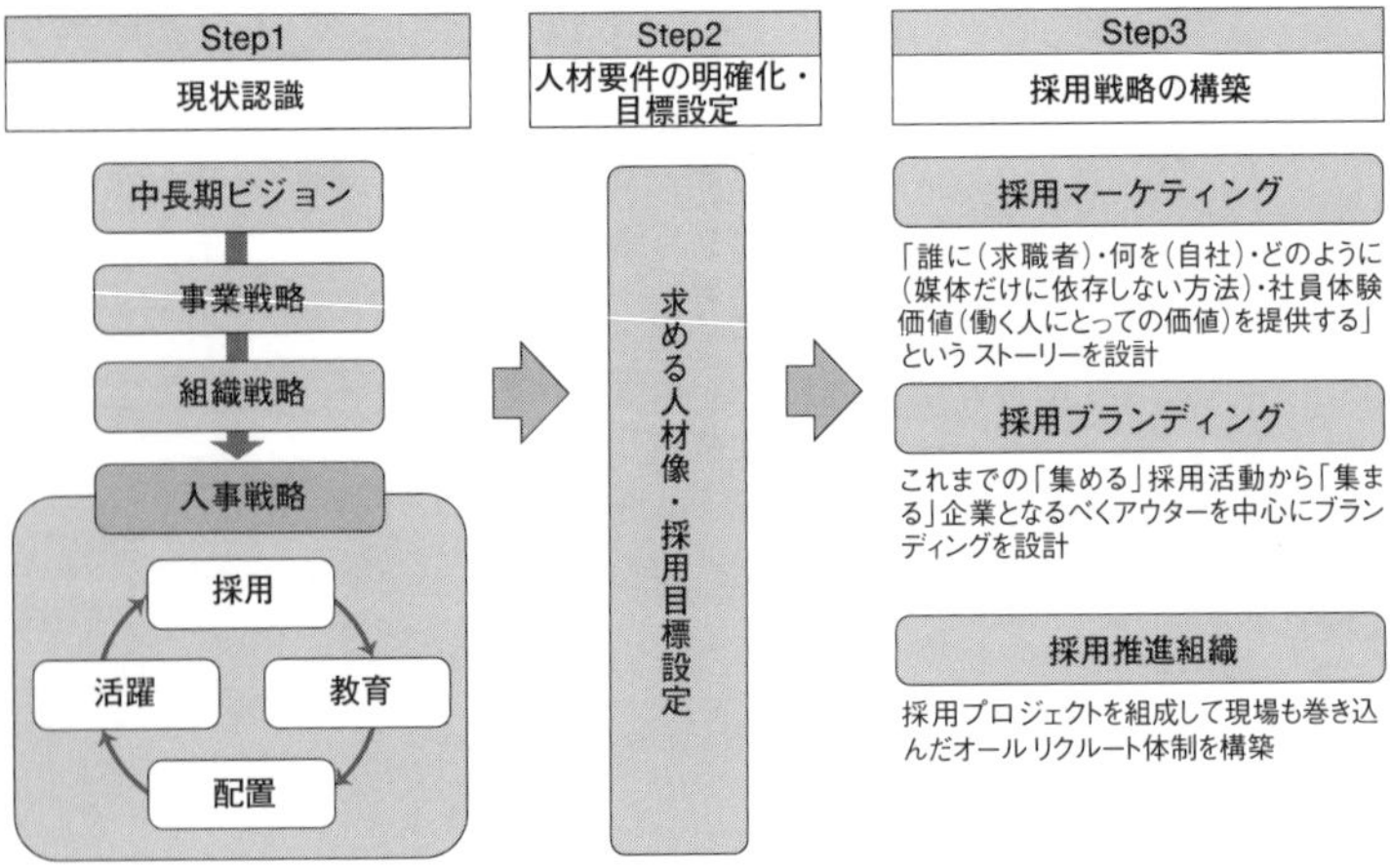
Step1
現状認識
Step2
人材要件の明確化・目標設定
Step3
採用戦略の構築
中長期ビジョン
事業戦略
組織戦略
人事戦略
採用
教育
配置
活躍
求める人材像・採用目標設定
採用マーケティング
「誰に（求職者）・何を（自社）・どのように（媒体だけに依存しない方法）・社員体験価値（働く人にとっての価値）を提供する」というストーリーを設計
採用ブランディング
これまでの「集める」採用活動から「集まる」企業となるべくアウターを中心にブランディングを設計
採用推進組織
採用プロジェクトを組成して現場も巻き込んだオールリクルート体制を構築

図表5-7　採用戦略構築スケジュール

Step	内容		1カ月	2カ月	3カ月	4カ月	5カ月	6カ月
1 現状認識	ビジョン・事業戦略・組織戦略・人事戦略確認		■					
	トップ・経営幹部・人事担当者ヒアリング（個別インタビュー）		■					
	採用活動状況の詳細ヒアリング		■	■				
2 人材要件の明確化・目標設定	現状認識結果の報告（課題の提示）			■				
	人材要件の検討			■				
	採用目標の設定			■				
3 採用戦略の構築	採用マーケティング	採用基準の具体化			■	■		
		自社の魅力明確化			■	■		
		チャネル選定（新たな打ち手の推進）				■	■	
	採用ブランディング	キャッチコピーの明確化			■	■		
		PRツールの整理				■	■	■
	採用推進組織	選考フロー再設計			■	■		
		採用管理力強化（目標・KPI管理）				■	■	
		採用推進体制の組織化				■	■	
		採用推進力強化					■	■

a．ビジョンに即した組織戦略の確認

採用戦略を構築する前提として、「自社のビジョン」に基づいた事業軸と組織軸のディスカッションは欠かせないポイントとなる。自社のビジョンが目標数値だけのものであれば、これまでのメンバーシップ型の採用が中心となる。しかし、変革を求められる環境下においてビジネスモデルの検討は必須である。何をすべきかを整理し、そのために必要な組織や人員の状況を併せて確認する。

b．人事戦略の整理

組織を支える人事戦略として「採用」「教育」「配置」「活躍」の視点から、それぞれ検証していく。

i．採用：採用計画（新卒・中途）、人材要件、人事制度（主に等級制度）との連動性
ii．教育：入社後の育成環境、階層別教育の実施状況、キャリアイメージ
iii．配置：適材適所の考え方、配置検討フロー、自己申告・ジョブポスティング制度の運用状況
iv．活躍：オンボーディング（新入社員の定着や即戦力化を促す仕組み）、離職状況、活躍している人材のモデルとキャリア

c．採用戦略推進状況の確認

ここでは、後述の採用戦略の構築につながる具体的な採用状況の確認を中心に行っていく。また、ベンチマーク企業との取り組みの差についても検証していく。

i．応募状況：チャネル別の応募数、費用対効果、使用媒体別の広告状況
ii．選考状況：各選考フローの歩留まり率、各選考の内容、各選考の対応者
iii．採用体制：社長・役員の関わり方、採用活動に関わる社員状況、採用担当者のレベル
iv．入社後体制：受け入れ体制・施策、教育実施内容

②Step2 人材要件の明確化・目標設定

現状認識を踏まえて、課題を明確にしていくとともに、人材要件と目標値を設定する。この段階では、新卒採用人数、中途採用人数をそれぞれ明示することによって具体的な施策の構築につなげていく。注意しておきたいのは、「現実的な目標を設定する」という点である。いきなり理想的な採用を成功させることはかなり難しい。

③Step3 採用戦略の構築

人材要件・目標を実現するために、具体的な採用戦略を構築していく。タナベコンサルティ

ングでは、前述したように採用戦略の視点として「採用マーケティング力」「採用ブランディング力」「採用推進組織力」という三つの切り口で整理している。

a．採用マーケティング力

採用マーケティングとは、マーケティングの考え方を採用活動に置き換え、次のⅰ〜ⅲの三点を整理していくことで採用を他社と差別化するプロセスである。

ⅰ．採用基準を具体化する

採用したい人材要件は前述のＳｔｅｐ２で整理をしているが、実際に募集するフェーズにおいてはより具体化していく必要がある。結果的にこれが採用基準となっていく。

●必要となる能力、期待する職務や役割を判断可能なレベルまで具体化する
●自社の社風や考え方に共感できる人材の共通点を整理する
●右記二つに当てはまる応募者はどこにいるのかを検討する

ⅱ．自社の魅力を明確化する

採用における差別化のポイントは**図表５‐８**の一〇項目に集約される。ＰＲすべき際の留意点とともに、どのタイミングでどう発信するかを整理していく。

ⅲ．チャネルを選定する

ターゲットに合わせて効果的な採用チャネルを検証していく。近年、新たな言葉や手法が登場しているが、基本的なものは限られている（図表5－9）。

b．採用ブランディング力

歩留まり率を高め、できる限り多くの応募者を次の選考へ進めるためには、彼ら・彼女らの志望度を上げなければならない。「この会社で働きたい」というファンをつくるためには、採用ブランディング力の強化が必要である。

前述した採用マーケティングは、他社の状況や自社の施策によって短期的に変化しやすい。だが、ブランディングでは「自社の伝えたいこと」が起点となるため、大事にしたい自社の考え方を長く発信していくことが必要となる。そこで、主にアウターブランディング（対外的なPR活動）の視点で推進していく。例えば、次のような点で検討を進める。

i．伝えたいメッセージ（キャッチコピー）の明確化
自社の魅力や欲しい人材像に基づいて採用のキャッチコピーに落とし込んでいくと、ターゲットやその関係者に響きやすいものになる。キャッチコピーが明確であればあるほど自社とマッチした人材が応募しやすくなり、内定辞退率の低下や定着率の向上につながる。

ii．さまざまなツールを活用した発信

図表5-8 採用における差別化のポイント

項目	差別化ポイント	留意点
経営理念	自社の理念を、応募者にわかりやすく表現	仕事の厳しさを伝える
事業内容	業界内におけるポジションや事業の魅力	理念への共感性を確認
商品	ブランド価値・知名度	仕事の厳しさを伝える 理念への共感性を確認
成長性	直近の成長率と未来の展望	実例・実数をもって紹介
安定性	業歴やこれまでの業績と未来の展望	仕事に対する意欲を確認
社風	上司や社員同士の距離感、社内の雰囲気やコミュニケーション	入社後のギャップが生じないように正直に伝達
待遇・福利厚生	他社にはない特筆すべき事項	仕事に対する意欲を確認
教育・キャリア	成長できる仕組みや環境、キャリアを積む環境	受け身姿勢ではないか確認
働き方	個人の働き方のニーズにマッチする仕組み	仕事に対する意欲を確認
社員	一緒に働きたいと思われる魅力的な人材	仕事の厳しさを伝える

図表5-9 採用チャネルの種類

チャネル	取り組み内容
学校紹介	大学・各種専門学校などの教育機関にある就職課へ求人票を送付する
学内セミナー	学校の就職課が主催する、学校内での合同企業説明会に参加する
就職ナビ	人材情報企業が運営するWebサイトに自社の情報を掲載する
知人・社員紹介 リファラルリクルーティング	在籍社員・知人から仕事を探している人を直接紹介してもらう
インターンシップ	一定期間、企業内での就業体験を行う
オフィシャルサイト	自社の公式ホームページ上に採用情報を掲載する
SNS	SNS上に企業アカウントを開設する。バナー広告を表示させる
就職フェア	主に媒体企業が主催する有料の合同企業説明会に参加する
ダイレクトリクルーティング	人材のデータベースを活用し、直接応募者にスカウトを行う
Web広告	各広告会社が運営しているWebサイトに求人情報を掲載する
人材紹介	人材紹介会社への登録者から最適な人材を選出して直接紹介する
ハローワーク	公共職業安定所(ハローワーク)に求人票を掲載する

ここまで準備した後に、Ｗｅｂサイトや会社案内、Ｗｅｂ広告などをつくることで統一感が生まれ、企業イメージが学生に浸透しやすくなる。短期的な視点でツールを作成すると、統一感がなく、何の会社なのかがわからない状態になりやすい。

採用ブランディングは即成果につながるものではないが、何年も継続して取り組むことで学校や市場に認知が広がり、他社と差別化ができるようになり、他社との獲得競争に巻き込まれなくなる。

c．採用推進組織力

採用マーケティングや採用ブランディングの戦略を綿密に作成しても、採用推進組織ができあがっていなければ、実行は伴わず成果も出ない。中堅企業であれば、社長が採用活動に参加していることで大きく成果が変わることからも、採用推進組織は要となる。

まずは採用に関わる人材のレベルアップが必要であり、営業活動と同様に自社のプレゼンテーション力やクロージング力が求められる。また、総務部や人事部に任せきりにせず、部門を横断して、優秀かつ魅力ある人材を集めてプロジェクトを立ち上げることができるかどうかで、採用の成功確率は大きく変わる。しかし、現実は各部門長が自分の部門のことばかり考えて、優秀な人材をプロジェクトに出すことに難色を示すことは多い。そのため、採用活動のプロジェクト発足時は経営陣が積極的に関わることが大切である。

プロジェクトメンバーが部門横断型で積極的に採用活動に取り組むことで、徐々に社内全体に採用活動の重要性や活動内容が浸透し、最終的にはオールリクルートの風土をつくり上げることができる。

オールリクルート体制が構築できている企業は、〝○○ナビ〟など外部媒体の力に一切頼ることなく採用活動を成功へ導くことができるようになる。その最たる例が「リファラルリクルーティング」である。リファラルリクルーティングとは、自社の社員や社外の人脈を通じて、人材を紹介・推薦してもらう採用の手法である。紹介された人材であっても採用試験を実施し、実力が伴わない場合は採用しないという仕組みであることから、紹介者・企業・応募者それぞれの思いの一致があって実現される。リファラルリクルーティングの成功において最も重要なポイントは「正直さ」である。自社の状況を素直に、正確に伝えることが大切であることから、人事部や総務部で話された内容だけではなく、知人から正直な話を聞くことによって企業のデメリットも正しく理解したうえで入社する。そのため、ギャップが生まれにくく定着にもつながりやすい仕組みとなる。

ケースメソッド　物流業O社

オールリクルート体制→大企業と同等の採用活動展開

O社は東証プライム市場上場の大手物流企業である。小売業に特化した3PL事業を中心に、ロジスティクスコンサルティング事業、運輸事業、文書保管事業などを展開している。

同社はグループ一〇社超で六〇〇名の新卒採用を実現するという目標を掲げて採用体制を強化している。「六〇〇名採用」に至ったベースは「ビジョン」にある。同社は、物流事業は人々が日常生活を送るうえで必要不可欠な仕事であるとし、これからは「EC物流事業」「低温食品物流事業」「BCP物流事業」をコアとして、求められる社会インフラをさらに拡大していくことを発信している。そこで社会に貢献していくための戦略を実現するには、自社の考えに共感した人材のボリュームが必要だと考えたのである。

六〇〇名の採用目標を掲げる前までは、グループ全体で三〇〇名ほど採用しており、すでに高い採用力を持っていた。社長が自ら応募者と接触し、説明会では採用担当者が熱の入ったプレゼンテーションを展開。面接では個別に話を聞き、自社の魅力も語りながら入社前後のギャップ解消に努める。このように、異業種の大手企業に見劣りしない採用活動を実施していたが、さらなる規模拡大に向けて採用戦略を変革した。そのポイントは次の五点である。

採用ターゲット、ツールの再強化

①インターンシップの強化

インターンシップは一部で行っていたものの、取り組み状況やコンテンツにばらつきがあったことから実施内容を見直した。学生目線で体験したいことを想定して、できるだけ現場に入って体感できるコンテンツに進化させ、多様な人材（理系、文系、スポーツ系など）の確保に注力している。

②オンライン採用のスピード対応

コロナ禍の影響が出始めた初期から、早々に会社説明会の動画配信やオンライン面接のインフラを整備し、就活生との接触機会を増やした。また、リアルのコミュニケーションも重視し、できる限り内定通知までに直接話ができる機会をつくった。そうした採用姿勢が学生から好印象を得ている。

③採用サイトの見直し

採用サイト上の情報を再整理し、学生目線で知りたいこと、自社が伝えたいことを明らかにして、バージョンアップした。

学生視点でPRポイントを再整理

採用面で競合しやすい企業を中心に、自社がPRすべきポイントをあらためて研究した。経営陣や人事メンバーのほか入社一〜三年目までの社員を集めて議論し、学生が求める内容をより伝わりやすい表現でまとめた。また、同社は独自の人材育成の仕組みを持っていることから、就活生と保護者向けのPRツールを制作している。

グループの統一採用基準の設定

グループ内の採用担当者レベルで緩やかに共有されていた採用基準を明文化し、効果的な集客や早期離職防止につながる対策を講じている。採用基準を定めることは募集ターゲットを明らかにすることであり、結果的に自社に見合う人材の要件や水準が統一された。入社後のグループ共通の教育においても、入社前とのギャップが生まれないよう、採用基準とのつながりを持たせている。

オールリクルート体制の構築

全社員で採用に力を入れていくために、まずは一～三年目の社員から学校とつながりが深いメンバーを中心に二〇名ほどを選定し、プロジェクトチームを組成している。一度に全社展開をしても、「誰かがやるだろう」と他人事のように捉えられるおそれがあったことから、あえて実行メンバーを指名して進めている。学生時代、部活動やサークル活動を精力的に行っていたメンバーが後輩の就職相談に乗り、自社に興味を持ちそうな後輩を採用部署へつなげる取り組みを始めている。

採用手法をマニュアル化して水平展開

これまでに培った採用ノウハウや、新たに取り組み始めた手法をすべてマニュアル化することで、グループ全体の採用力強化を図っている。往々にして、会社独自の採用手法は属人化しやすい。それを文字化することにより、グループ全体の採用力を高めることはもちろん、見直す際もブラッシュアップしやすくなる。また、現状の課題を整理することにもつながっている。

第6章

ファイナンシャルモデル

17 収益構造改革

課題 業績悪化軌道から脱出したい

対策 収益構造改革でキャッシュフローを再生

アウトプット／成果 持続的成長が可能な企業体質を速やかに創出

企業再生が求められる背景

①金融円滑化法以降の企業再生のあり方

リーマン・ショックの際、金融機関による融資先への貸し渋り・貸しはがしが発生した。政府は「中小企業金融円滑化法」（二〇一三年に失効）を成立させ、借入金の返済猶予や金利減免によって企業の資金繰りを支援。また金融庁は「金融検査マニュアル」「監督指針」を改正して金融機関による企業への貸付条件を緩和した。これにより金融機関は、債務超過先であっても貸し出しを行うことが当たり前となり〝デッドライン〟が拡大していったように思われる。その後、金融検査マニュアルが廃止され、金融機関の自己査定により企業の格付けを決められるようになり、「要注意先」「破綻懸念先」に対する融資が進んでいった。

そうしたなか、新型コロナウイルス感染症拡大による経営環境の悪化や世界的なインフレと金利上昇などが重なってしまった。その結果、中小企業を中心に債務が拡大し、資金に余力のない企業の破綻リスクが高まっている。

判断の先延ばし期限が迫るなか、経営者の目の前には選択肢が大きく三つある。倒産か、M&A（売却）か、再生かである。

②経営者の判断ミスによる企業体質の悪化

企業体質が悪化に向かう最大の要因は、経営者の判断ミス（価値判断ミス）である。再生支援コンサルティングを手掛けるなかで気づかされるのは、業績が悪くなった企業の経営者のほとんどは真面目な人であるということだ。目にするのは、悪化する業績に対して一生懸命に悩みながら努力している姿であり、見て見ぬふりをして遊んでいる人はいない。業績不振企業の経営者は「努力の方向性が間違っている」だけなのだ。そうした経営者に見られる共通した特徴は次の通りである。

●過去の設備投資の失敗を認めようとしない
●会社の最大の課題に経営者が時間を使っていない
●優柔不断であり、意思決定がきわめて遅い。また決定後によく覆す
●一貫した価値観やバックボーンが存在せず、経営哲学が存在しない
●数字がわからない。決算書作成も税理士任せになっている

一つでも当てはまるものがあるだろうか。変えるべきときに判断基準を変えず、過去の成功体験に依存した意思決定やトップの性格に基づいた経営判断を行うと、後手に回る対応ばかりを繰り返すことになる。

企業再生の進め方

①事業競争力の再生（粗利益率の向上）

従来の企業再生は、ＢＳ（バランスシート＝貸借対照表）の改善を軸に、メインバンクによる格付けをランクアップさせる形が中心であった。ただ、この場合の課題は、企業を取り巻く環境や提供する商品、自社の競争力などは、何も変わっていないという点である。したがって、業績数字が再度悪化した場合は有効な手立てがなく、経営環境が変わらず、経営陣も変わらず

では、さらなる業績悪化は免れない。

ここでいえることは、「事業競争力の強化を抜きにした企業再生はあり得ない」ということだ。つまり、「事業の粗利益率、営業利益率、組織・人材の生産性強化」のない企業再生は実現不可能なのである。

企業再生を進めるうえでは、「事業の粗利益率」が最初の重点項目となる。可能ならば業界平均値プラス五パーセントを目指す対策を打っていただきたい。再生企業の場合は、業界平均値以下で粗利益率が推移していることがほとんどだ。すなわち、ライバル企業と同じ商品を売ったとしても、儲からないことになる。

粗利益率を改善する対策は三点ある。一点目は、「製品にサービスを加える」ということだ。扱う製品は同じでもサービスを付加し、実入りを増やすよう工夫する。人件費を除いた直接コストを極力少なくし、サービスを加えることで単価アップも目指してほしい。値上げ分はそのまま粗利益の増加につながる。二点目は、「チャネル（販売経路）改革」である。現状のチャネルでは、粗利益率がある程度、業界の平均値に近づく。大幅に変えたい場合は、現状と異なる業界、しかも直接契約できる企業を開拓したい。情報は場所を変えれば価値が出る。製品・サービスの利用のされ方も同様である。三点目は、「デジタルサービスによる固定費の付加価値化」である。最新のデジタル技術を活用し、人が手掛けているサービスをテクノロジーで代用する。そして働く人を「攻め」の領域や仕事に振り向けることだ。

②キャッシュフローの再生

次に、キャッシュフローの再生である。これは、「先行資金繰り表の作成」「キャッシュ・コンバージョン・サイクル（CCC）の改善（売掛金の早期回収）」「現預金の確保」の三点だ。

一点目は、先行資金繰り表の作成である。再生企業の多くは先行資金繰り表が作成されていない。作成している場合でも三カ月先程度であり、たいていは作成していない状態が当たり前となっている。したがって「六カ月先」の先行資金繰り表（入金・出金）を作成していただきたい。例えば小売業など、日々の売上げが見通しにくい業種の企業は、まず「六カ月支払先行表」を作成し、社員の給料や仕入れ先への支払日、税金など先行で支払うべきものを日次で整理する。次に、売上げを想定して入金と出金を時系列で押さえ、現金がどの程度残っているのか、もしくは不足しているのかを確認して対策を打つ。

二点目は、CCCの改善だ。CCCとは、原材料などに資金を投入してから売上げを回収するまでの期間であり、計算式は「売上債権回転日数＋棚卸資産回転日数－仕入債務回転日数」である。つまり「運転資金回転期間」と同義であり、入金と出金の期日を変えることによってキャッシュを確保（CCCの改善）する。

三点目は、現金・預金（キャッシュ）の確保である。再生企業の場合、「資産は高く売るより早く売る」ことが原則である。人間はどうしても高く売ることへ目が向くが、再生企業は現金確保が大命題であり、早く売却し、早く現金化することが判断基準である。この段階では、金融機関との相談のうえ、返済猶予の申し入れや資本性ローン（劣後融資）の取り扱いなども実施し、現金確保を軸に再生を図っていく。

③ビジネスモデル改革による成長モデルの再確立

企業再生の第一段階は「生き残り」であり、マイナスがゼロに戻った段階である。ただし、この段階は勝ち組になっているわけではない。連続赤字がストップした、単月黒字に転じた、年間ベースで黒字化したなど、企業が存続するうえでの最低条件を満たしたにすぎない。神風が吹かない限り、環境変化が著しく変わることもない。現在の事業領域において、ビジネスモデル（儲けの構造）が将来まで残り得るように対策を立てることが重要といえる。

そのためのビジネスモデル改革では、まず、集客の仕組みや一顧客当たり取引額の増加をどうしていくのかが重要となる。もう一点が、ＣＣＣの短縮を目指した回収方法の変更である。そして次が、新規事業となる。なお新規事業は、既存事業での収益性が回復した段階までは実施しないことが大切だ。

図表6-1 キャッシュフロー再生プラン(例、180日間)

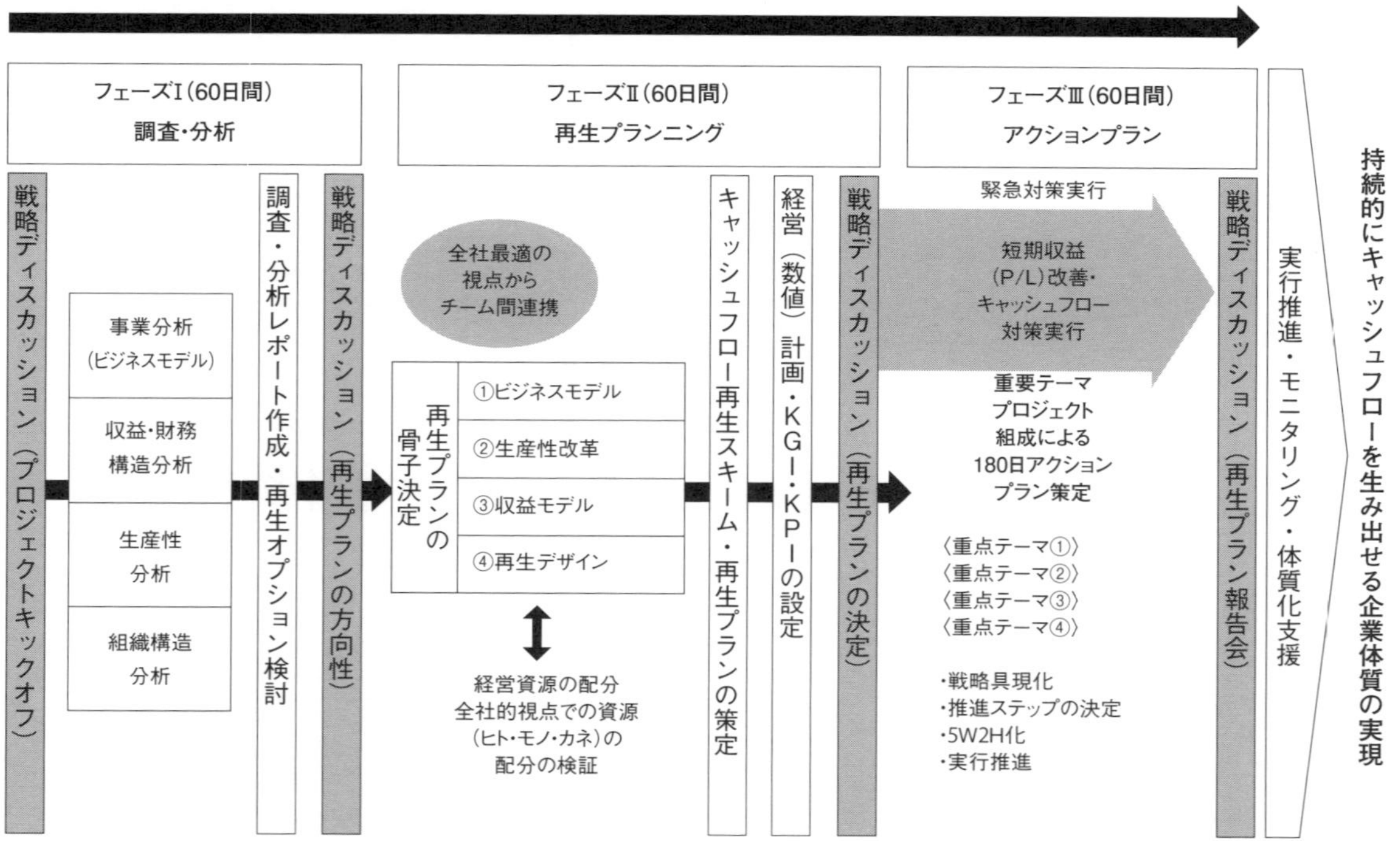

フェーズI(60日間)
調査・分析
フェーズII(60日間)
再生プランニング
フェーズIII(60日間)
アクションプラン
戦略ディスカッション(プロジェクトキックオフ)
事業分析
(ビジネスモデル)
収益・財務
構造分析
生産性
分析
組織構造
分析
調査・分析レポート作成・再生オプション検討
戦略ディスカッション(再生プランの方向性)
全社最適の
視点から
チーム間連携
再生プランの
骨子決定
①ビジネスモデル
②生産性改革
③収益モデル
④再生デザイン
経営資源の配分
全社的視点での資源
(ヒト・モノ・カネ)の
配分の検証
キャッシュフロー再生スキーム・再生プランの策定
経営(数値)計画・KGI・KPIの設定
戦略ディスカッション(再生プランの決定)
緊急対策実行
短期収益
(P/L)改善・
キャッシュフロー
対策実行
重要テーマ
プロジェクト
組成による
180日アクション
プラン策定
〈重点テーマ①〉
〈重点テーマ②〉
〈重点テーマ③〉
〈重点テーマ④〉
・戦略具現化
・推進ステップの決定
・5W2H化
・実行推進
戦略ディスカッション(再生プラン報告会)
実行推進・モニタリング・体質化支援
持続的にキャッシュフローを生み出せる企業体質の実現

図表6－1は、これら（事業競争力の再生、キャッシュフローの再生、成長モデルの再確立）に基づいた再生プランを一八〇日という短期間で策定し、持続的にキャッシュフローを生み出せる体質を実現させていくスケジュールである。四つの分析アプローチから再生オプションを見出すフェーズⅠ（調査・分析）、四つの戦略アプローチから再生プランを具体化するフェーズⅡ（再生プランニング）、改善策の実行プロジェクトを支援するフェーズⅢ（アクションプラン）によって改革を展開していく。このうち、再生へのカギを握るのがフェーズⅡである。スキームやプランの内容は業種・症状・経営資源によっても異なるが、その一例（図表6－2）を掲載しておくので参考にしていただきたい。

ケースメソッド

拠点削減・営業生産性向上→半年以内に単月黒字転換

製造業P社・Q社

製造業P社の事例

製造業P社は、リーマン・ショックに際して業績が悪化し、売上高が二五〇億円から一五〇億円まで減少した。国内需要が減少するなかで全国の各拠点（七工場、一八営業所）に戦力が分散し、兵站線が伸びきって本社のサポートやマネジメントなどが行き届かない状態となってい

図表6-2 再生プランニング(例)

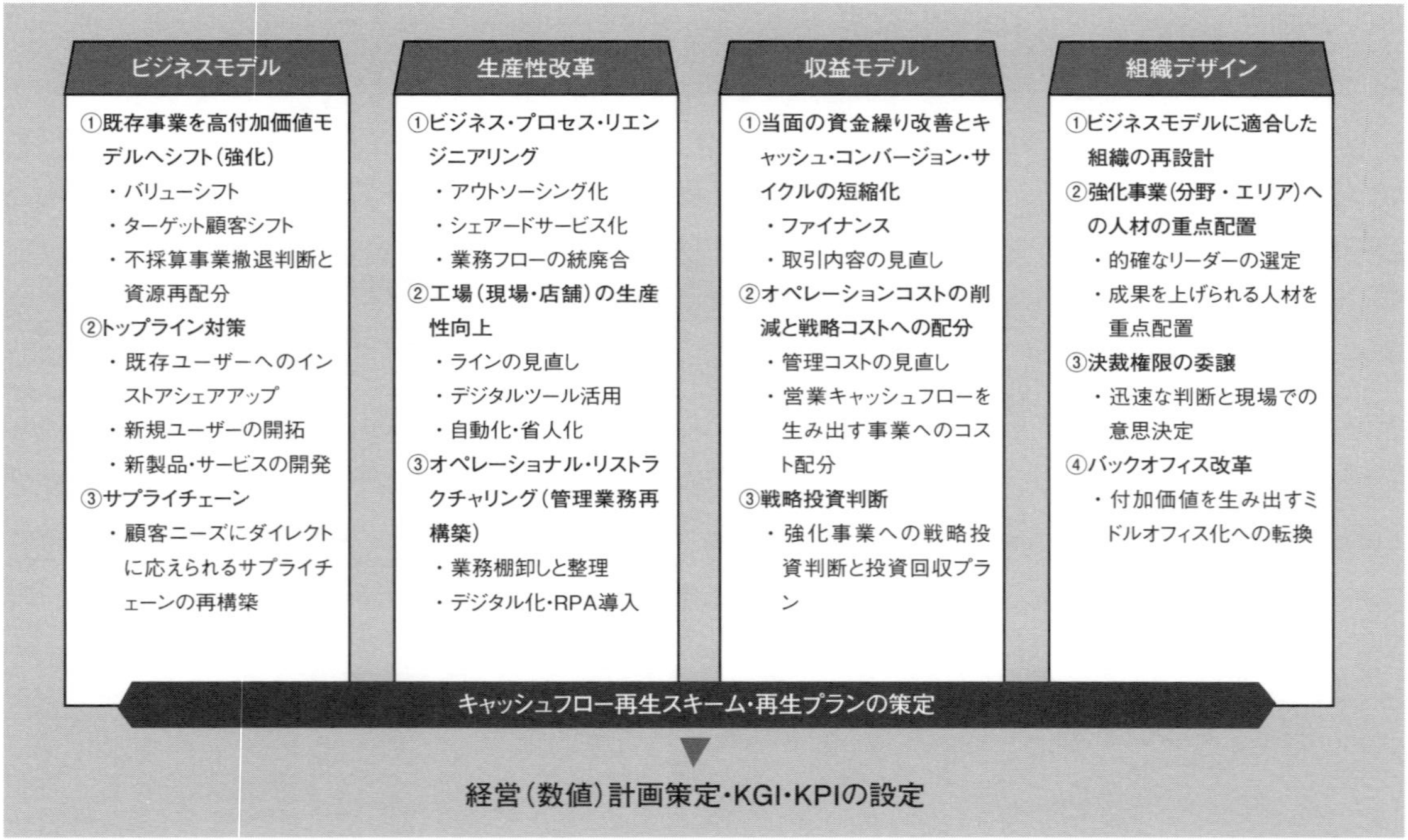
ビジネスモデル
①既存事業を高付加価値モデルへシフト(強化)
・バリューシフト
・ターゲット顧客シフト
・不採算事業撤退判断と資源再配分
②トップライン対策
・既存ユーザーへのインストアシェアアップ
・新規ユーザーの開拓
・新製品・サービスの開発
③サプライチェーン
・顧客ニーズにダイレクトに応えられるサプライチェーンの再構築
生産性改革
①ビジネス・プロセス・リエンジニアリング
・アウトソーシング化
・シェアードサービス化
・業務フローの統廃合
②工場(現場・店舗)の生産性向上
・ラインの見直し
・デジタルツール活用
・自動化・省人化
③オペレーショナル・リストラクチャリング(管理業務再構築)
・業務棚卸しと整理
・デジタル化・RPA導入
収益モデル
①当面の資金繰り改善とキャッシュ・コンバージョン・サイクルの短縮化
・ファイナンス
・取引内容の見直し
②オペレーションコストの削減と戦略コストへの配分
・管理コストの見直し
・営業キャッシュフローを生み出す事業へのコスト配分
③戦略投資判断
・強化事業への戦略投資判断と投資回収プラン
組織デザイン
①ビジネスモデルに適合した組織の再設計
②強化事業(分野・エリア)への人材の重点配置
・的確なリーダーの選定
・成果を上げられる人材を重点配置
③決裁権限の委譲
・迅速な判断と現場での意思決定
④バックオフィス改革
・付加価値を生み出すミドルオフィス化への転換
キャッシュフロー再生スキーム・再生プランの策定
経営(数値)計画策定・KGI・KPIの設定

た。その結果、P社は五年連続で営業赤字を計上し、メインバンクから抜本的な対策を求められるようになった。

そこでP社は〝一体化戦略〟という地域別競争力の強化を目指し、営業所・生産工場の両方が存在する都市に絞った形で戦力を集中した。営業所のみ存在するエリア、工場のみ存在するエリアについては撤退し、最終的に五工場・一二営業所という体制に改編した。さらに営業力を強化するため、「情報×人間関係」を軸に見込み情報の発生源管理を行い、役員・管理職・担当者が一体となって顧客開拓を行った。

また、製造部門と営業部門のワンフロア化を進めて円滑な情報交換を促し、製販連携のスピードアップを図るとともに、営業担当者と製造部員が一緒に顧客を訪問し、技術営業を展開した。それによって、最終的には営業所をさらに一〇に絞ることができた。P社は六カ月後に単月黒字へ転換し、二年後に過去最高の営業利益を計上するまでになった。

製造業Q社の事例

また製造業のQ社は、一時は六〇億円を誇った売上高が三二億円まで減少し、四期連続の最終赤字となった。さらに単月赤字が一〇〇〇万円に達した。タナベコンサルティングに事業再建を相談した後、コンサルティングが始まるまでの二カ月の間に、単月赤字は二〇〇〇万円近くまで膨らんだ。

Q社の内情を調べたところ、間接部門（スタッフ、アシスタント）の肥大化、関連会社への不透明な資金援助、取締役の機能不全、組織としての一体感の欠如など、課題は山積みであった。特に、経営者の兄弟三人と取締役によるトップマネジメントの課題がきわめて大きかった。

まず、対策としてリストラクチャリング（事業再構築）を実施した。Q社には五つの営業所と三つの工場が存在したが、このうち営業所一拠点、工場二拠点を閉鎖した。次に、社員の希望退職を募り、一一〇名いた社員が六五名に減少した。それに伴い営業アシスタント兼配送社員を廃止し、営業担当者による配送業務をスタートした。その結果、顧客の数自体は少なくなったが、営業の密着度合いが高まり、一社当たりの売上高が増加した。

社内的には、管理職が週三日も出席していた各種会議をすべて廃止し、取締役会と全営業社員が集まる営業会議を月一回、各二時間実施したことにより、生産性がきわめて高い組織となった。ＫＰＩは〝タンクロ〟（単年度黒字）を突破口とした戦略推進の結果、二カ月後に単月黒字、半年後には累積黒字を計上。その後、商品力強化によって再生を果たした。

18 原価マネジメント

課題　原価競争力が弱い

対策　収益改善・原価管理プロジェクトの推進

アウトプット／成果　需要変動へ柔軟に対応できる収益体制の構築

徹底した現場調査から「原価の核心」へ

地続き的ではなく、飛び地的に一気に飛躍する「非連続」な変化を見せる経済環境下、「経営のかじ取り」で重要なのは、強固な経営基盤と収益基盤を構築することである。そのためには、経営において最大のコストである「原価」をコントロールする必要がある。それによって削減された経費は、そのまま利益の増加へと反映される。企業が事業を継続し、社員の雇用を守るためには「利益」が必要であり、利益を追求するからこそ、困難のなかでも創意工夫が生まれるのである。したがって、経営者のみならず全社員が一丸となって原価低減に全力を尽くさなければならない。

タナベコンサルティングでは、数々の収益改善コンサルティング事例から「原価マネジメント」を体系化している。原価マネジメントとは、収益構造上における課題の把握からボトルネック工程の改善実行・定着に至るまでの一連のプロセスである。

具体的な流れ（図表6-3）としては、まず企業の収益モデルを徹底的に検証し、収益構造の課題をつかむことから始まる。原価の中身、原材料、資材、労務費、現場経費などのコストの明細を多角的に分析し、収益構造上のネックとなる「科目」を見極める。その後、計画（予算）策定や原価管理の方法、現場管理に至るまでの業務プロセスを把握し、目詰まりしている箇所や改善すべき部分を抽出する。

もちろん、実際の現場で「成果」を上げなければ何の意味もない。収益改善には、現場責任者を巻き込んだプロジェクトを組成し、数値に基づく改善計画の立案、計画に基づいた改善の実行、実行結果を検証する仕組みをつくり上げることが必要になる。

収益改善の原価マネジメントは、次の四つのフェーズで進めていく。

①フェーズⅠ　製造原価改善

事業別・部門別のコスト構造を分解し、ベンチマーク企業と比べてどうなのか、自社が目標とする原価はいくらなのかを検証する。具体的には、原材料、資材、労務費、現場経費の項目

図表6-3 原価マネジメント体系図

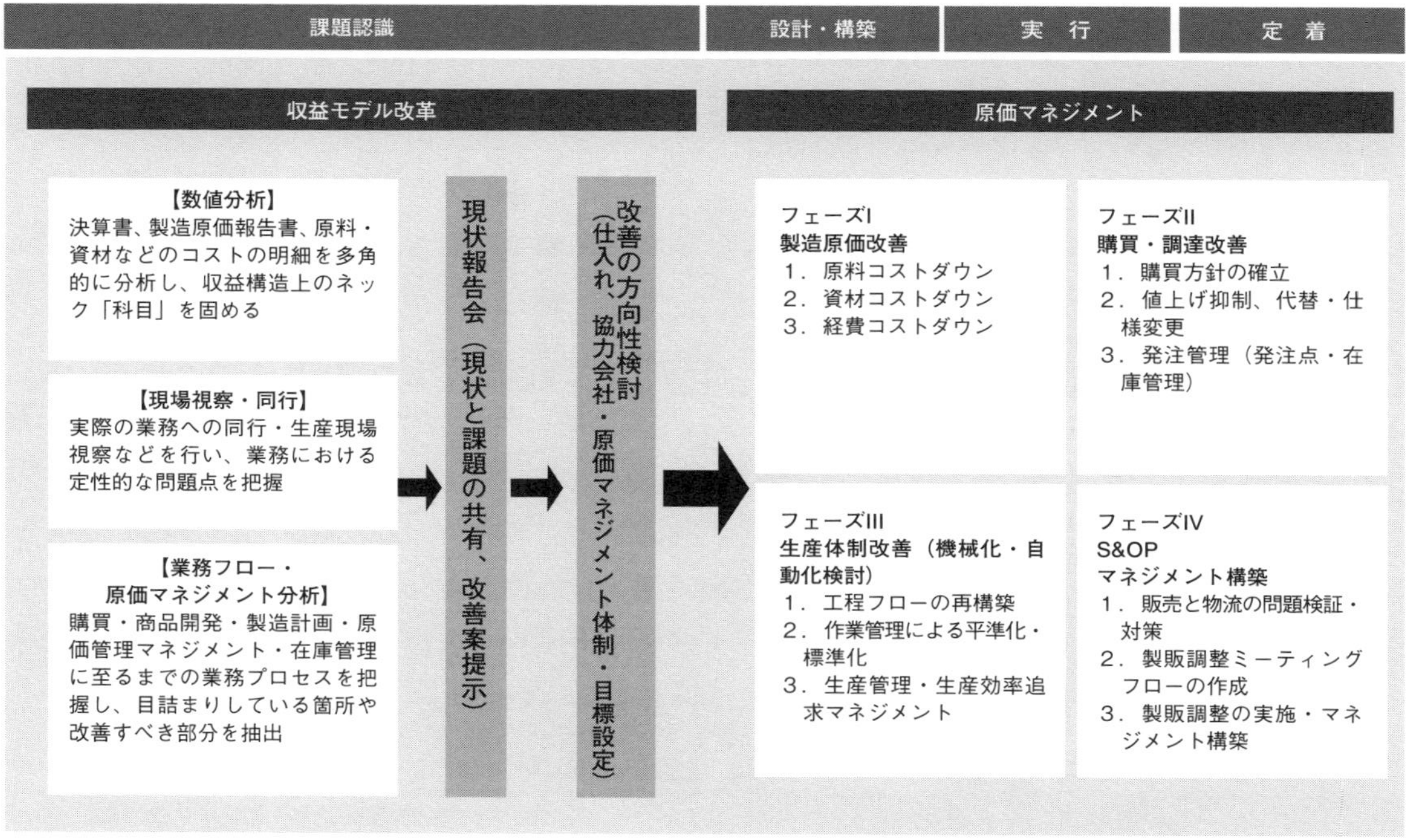
課題認識
設計・構築
実　行
定　着
収益モデル改革
原価マネジメント
【数値分析】
決算書、製造原価報告書、原料・資材などのコストの明細を多角的に分析し、収益構造上のネック「科目」を固める
【現場視察・同行】
実際の業務への同行・生産現場視察などを行い、業務における定性的な問題点を把握
【業務フロー・原価マネジメント分析】
購買・商品開発・製造計画・原価管理マネジメント・在庫管理に至るまでの業務プロセスを把握し、目詰まりしている箇所や改善すべき部分を抽出
現状報告会（現状と課題の共有、改善案提示）
改善の方向性検討（仕入れ、協力会社・原価マネジメント体制・目標設定）
フェーズI
製造原価改善
1．原料コストダウン
2．資材コストダウン
3．経費コストダウン
フェーズII
購買・調達改善
1．購買方針の確立
2．値上げ抑制、代替・仕様変更
3．発注管理（発注点・在庫管理）
フェーズIII
生産体制改善（機械化・自動化検討）
1．工程フローの再構築
2．作業管理による平準化・標準化
3．生産管理・生産効率追求マネジメント
フェーズIV
S&OP
マネジメント構築
1．販売と物流の問題検証・対策
2．製販調整ミーティングフローの作成
3．製販調整の実施・マネジメント構築

を一つひとつ検証する。原材料と資材は、購買のセオリーである「三社見積もり二社購買」を徹底し、単価・容量・品質・発注点（項目ごと）などを再設定し、全社ルールとして運用する。また労務費は人員配置や一人当たりの生産性を検証する。現場経費については、歩留まり・ロス改善による原料使用量の削減やエネルギーコスト（水道光熱費）の検証、ムダ取りによる効率化を図る。現場では責任者が原価を常に意識するため、業務日報で進捗確認管理を徹底し、チーム別、ライン別などでのコストを見える状態にすることが重要である。

■原料・資材・経費コストダウン

a　三社見積もり二社購買、単価・容量・使用箇所・品質・形状・発注点の再設定

b　歩留まり・ロス改善による使用量の削減

c　社内基準の再設定と定着による廃棄の抹消

d　エネルギーコスト（水道光熱費）の検証

e　ムダ取り、効率化の実施

〈ポイント〉

●コストの見える化、標準原価の再設定

●コスト構造変革から収益基盤の改善を図る

②フェーズⅡ 購買・調達改善

コストダウンとは、価格交渉で値段を下げてもらうことだけではない。仕入れ先や外注先による自社への値上げ要請への対処もある。特に昨今は円安や世界的なインフレの影響、人手不足に伴う人件費増加などを理由に、材料費や外注費の仕入れ値の値上げ依頼が増えている。このすべてに対して、自社の購買担当者がオールイエスで対応していると、コストがたちまち上昇するのは目に見えている。経営トップが、値上げ金額を押さえたうえで、最終的な判断と指示を行う必要がある。

値上げ対策については、他社への発注切り替えや代替品の検証、三社見積もり二社購買による競争原理導入などを徹底する。また、購買部（資材部）で全社統一価格を決め、社内共通の購買システムによって集中購買を実施する。併せて資材費や材料費は毎年、商品別や地区別で見直しを図ることである。

■購買方針の確立

a　部門別・商品別のコスト構造分析

b　ライバル比較の実施

■値上げ抑制、代替・仕様変更

a　値上げ抑制フロー作成、値上げ抑制交渉マネジメントの実施

b　代替品、原料、資材の変更検討

■発注管理（発注点・在庫管理）

a　発注リードタイム短縮と発注点基準の設定・発注コントロール

b　最適在庫基準の設定・在庫コントロール

〈ポイント〉

- 社内ルールの構築、推進
- 仕入れ・出荷体制の再整備

③フェーズⅢ　生産体制改善（機械化・自動化検討）

「4M（Man・Machine・Material・Method ／人・機械・材料・方法）」によるムダの排除を進め、生産性と品質を上げる体制を構築する。排除すべき「ムダ」とは、大きく次の四つである。

●不要……不要な仕事・モノの検証
●過剰……過剰なサービス・品質の検証
●重複……二度手間の仕事・別の場所で同じ仕事
●旧式……何十年もやり方を変更していない仕事

これら四つで削除した業務時間を付加価値創造にあてる。例えば、人や設備にできた余力を新製品の製造にあてる、あるいは外注部品を内製化するなど、新しい価値の生産に振り向けるのである。

■工程フローの再構築
a リードタイム、工程連携の検証
b 工程の見直し、工程短縮による効率化
■作業管理による平準化・標準化
a 作業時間、作業内容の検証、標準作業の設定
b 季節変動、個人差の是正、平準化体制の構築
■生産管理・生産効率追求マネジメント

a　生産現場の稼働・作業改善による収益改善
b　生産性指標の設定、検証・改善サイクルの構築

〈ポイント〉

- 最適な生産体制の構築
- 原価マネジメントの徹底による利益追求体制を構築

④フェーズⅣ S&OPマネジメント構築

製造部門、販売部門、管理部門などと経営陣が情報共有し、実行の意思決定を早め、サプライチェーン全体を最適化するS&OP（Sales and Operations Planning＝販売・業務遂行計画）を構築する。売上げ計画は、実際に製造・販売するタイミングと異なる場合が多い。競合や市場環境が変化するため、調達や製造、販売を計画通りに実行できない。しかも現在は、外的要因の変化が大きく、予測精度を高めることが容易ではなくなってきている。そのため、将来を見越して需給を調整する「事前対応」よりも、迅速に市場変化に追随できる「事後対応」の体制をつくることが重要だ。

生産状況や、倉庫や店頭など流通における在庫状況をリアルタイムで共有できるような、オ

図表6-4　原価マネジメントスケジュール

実施内容		1カ月目	2カ月目	3カ月目	4カ月目	5カ月目	6カ月目	7カ月目	8カ月目
収益モデル改革	数値分析	■	■						
	現場視察・同行	■	■						
	業務フロー・原価マネジメント分析	■	■						
	現状報告会（現状と課題の共有、改善案提示）		■						
	改善の方向性検討（業務改善テーマ・目標）		■						
原価マネジメント	フェーズⅠ：製造原価改善			■	■	■			
	フェーズⅡ：購買・調達改善					■	■		
	フェーズⅢ：生産体制改善（機械化・自動化検討）						■	■	
	フェーズⅣ：S&OPマネジメント構築							■	■

ーンプラットフォームの構築が必要になる。

■販売・物流の問題点検証・対策

a　需要予測の精度、不良在庫の処分、新製品の投入

b　ストックポイント、配送ルートの検証・改善

■製販調整ミーティングフローの作成

a　生産計画・販売受注予測の立て方の分析、検証

b　製販一体の生産能力や顧客情報の共有

■製販調整の実施・マネジメント構築

a　製造、在庫、販売のバランス調整

b　現場改善推進（現場指導・管理指導）

〈ポイント〉

●S&OP（製販双方ができることとできないことを共有し、コストを最小化して生産する体制）の確立

●需要変動へ柔軟に対応できる体制をつくる

原価マネジメントにおいては、課題認識（収益モデル改革）からフェーズⅠ～Ⅳまでを短期間で実践することが重要になる（図表6‐4）。

次に、原価をコントロールし、強固な経営基盤と収益基盤を構築した企業事例を紹介する。

ケースメソッド　食品製造業R社

原価圧縮・売価変更→一年で原価を五パーセント低減

R社は年商五〇億円、社員数一五〇名の老舗の食料品製造業である。厳しい経営環境のなか、収益が改善せず、製造原価の上昇が続いていた。従来のやり方を変更し、企業体質を変えることができなければ赤字に転落する状態であった。そこで、短期集中型で収益改善を実施し、一年で収益改善の仕組み化を成し遂げ、安定基盤を築き上げた。

原価検証と商品貢献度分析による商品戦略の実施

初めに取り組んだのは、商品の原価が社内で正しく把握されているか、という原価と売価の検証である。調べてみると、原価は五年前に決めた水準から変更していない状況であった。そこで、利益は少ないが儲けていると思い込んでいる商品がないかを徹底して検証した。

①原価再設定

パート・アルバイト比率が高いR社は毎年、最低賃金の改定などで人件費が上昇していた。また、原材料や資材費も五年前の原価より高騰していたが、社内での個別原価に反映されていなかった。そこで、現段階での原価を再算出し、設定した。また、このときに製造原価だけでなく、物流経費や在庫保管費までを含んだ「個別原価」を出した。物流費、保管費を入れて商品としての正しい原価を再設定した。

②粗利益段階での赤字商品の改善

再設定した原価で本当に利益が出るかを検証するため、まずは営業段階での改善に取り組んだ。営業部門が原価を正しく把握していない場合、顧客との商談で受注可能な金額まで安易に値引きするケースがあった。そこで顧客別に一品ごとに粗利益率を検証し、三グループ（「粗利益で赤字」「粗利益率五パーセント以下」「粗利益率一〇パーセント以下」）に分類して二カ月で顧客と交渉した。

③販売利益段階の赤字商品改善

販売単価から製造原価を引いて五パーセントの粗利益率があればＯＫなのではなく、商品の保管コストや物流コストも入れて採算が取れるかを検証しなければ、売れば売るほど赤字になるケースがある。そこでR社は商品貢献度分析によって販売利益（粗利益－物流費・保管費）を算出すると、物流費と保管費で六パーセントあった。つまり、販売利益段階で赤字商品だった。そのため粗利益率六パーセント以下の商品について改善策を実施した。

製造原価の圧縮

次に、製造原価自体を圧縮するため、各部門の責任者を集めて「改善プロジェクト」を立ち上げた。一週間サイクルで実施事項を決め、三社見積もり二社購買の徹底、原材料・資材の単価交渉、品質を落とさずに他の原材料・資材へ変更できないかを徹底検証し、三カ月で新原価に変更した。

●原材料原価圧縮……仕入れ時期（価格変動時期の見極め）や数量（年間契約によるスケールメリット）、使用容量の変更

●資材原価圧縮……商品ごとの素材の変更、サイズの変更、発注ロットの変更

●労務費圧縮（生産性向上）……作業効率分析により、各工程の適正人員、標準作業時間の設定、工程組み替えによる生産効率の検討による生産性向上（人時生産性）を実施

値上げ抑制

R社は五〇社以上の仕入れ先があった。その仕入れ先からほぼ毎月、どこかが価格変更（値上げ）の依頼を持ってくる状況であった。いずれも取引が長く、担当者間の人間関係もできあがっていたため、値上げの依頼をすんなりと受け入れる傾向が見られた。そのため同社トップは、値上げ依頼に対し最終的な判断を自ら行うとともに、値上げ対策として他社への発注切り替えや代替品の検討・購入を指示した。

- ●値上げ申請フロー作成……各メーカーの価格改定の情報を三日以内に経営陣へ報告書として提出
- ●値上げ対策（他社切り替え、代替品の検討）……担当者は他社への見積もり、代替提案を依頼する
- ●値上げ交渉マネジメント……価格改定の一週間以内に経営陣、購買責任者で対策を検討、決定する

各部門による改善活動

各部門が、利益を上げるために何を改善できるのか、全社視点で考え、月一回行われる経営会議の場で期限を決めて実行した。

①終売・リニューアルによる収益改善

一〇〇種類以上ある商品のなかで、利益に貢献していない商品を改廃した。基準は、製造数量や段取り替え、ロスを考慮し、終売したほうが利益の出る商品をピックアップし、年二回の商品会議に提出して決定した。また終売が難しい商品は、容量の変更、パッケージの変更などにより利益を改善した。

②ロス改善

原材料ロス、資材ロス、製品ロスを徹底検証し、ロス改善を実施した。

a　原材料は、充填時・加工時のロスを検証し、作業方法や工程の組み替えを実施

b　資材ロスは、サイズ、最低発注数を検証し、変更を実施

c　製品ロスは、消費期限、在庫回転率を検証し、製造数量、販売促進を実施

製販調整会議による収益改善

原価が減っても在庫が増えれば利益を圧迫するため、製販調整による収益改善に取り組んだ。販売予定と製造計画との差異を埋めるべく、責任者による情報共有・対策を毎日実施し、精度を上げていった。

①製造・販売の問題点抽出

製造部門では、毎月のＫＰＩを工程ごとに検証し、改善内容を常に考え、営業部門は顧客状況、販売状況を毎週検証した。

②製販調整会議フローの作成

営業情報（顧客の特売やキャンペーン、現在の進捗案件）について、「三カ月先行での粗情報」「一カ月での確定情報」を毎週更新し、製造部門と協議する。

③製販調整実施

一カ月の製造計画との乖離を割り出し、製造変更や顧客への納期変更などの利益最大化の検証を毎週、営業部門、製造部門、物流部門、管理部門で行い、最適化した計画に練り直す。

R社はこれらの一年間の取り組みによって、売価変更（粗利益段階および販売利益段階での赤字商品改善）、製造原価の圧縮（原材料・資材の代替、ロス改善、工程改善による生産性向上）、全社での原価低減の仕組み化を構築し、原価を五パーセント低減して収益改善を成し遂げたのであった。

エピローグ

(株)タナベコンサルティンググループ
取締役副社長　長尾吉邦

「**経験科学**」とは、「経験的事実を対象とした学問。実証的諸科学を指す」（岩波書店『広辞苑』より）。

私たちはこの言葉を好んで使い、大事にしている。この経験科学から生み出された研究成果が、本書で述べてきた「チームコンサルティングバリュー」である。それはクライアントとともに困難な課題と向き合い、事実と実証の連続のなかから生まれた「成功科学」といえる。旺盛な経営意欲と積極的な経営姿勢を兼ね備えたクライアントと、二人三脚で粘り強く、泥臭く成功を積み重ねてきたからこそ、コンサルティングブランドとして昇華することができた。

この場を借りて、険しい道を共に歩んでこられたクライアントの経営者の方々へ、心より感謝の意を表したい。

直線的な課題解決

まったく同じ歴史を有する会社は、この世に二つとない。故に同じ課題も二つはない。課題は常に固有である。

また、常に激しく変化する経営環境のなか、専門化、複雑化する大企業・中堅企業が抱える課題の解決には時間的な制約がある。経営環境の変化は、自社の変化を待ってくれないからだ。

チームコンサルティングバリューは成功科学であり、回り道をせず直線的に固有の課題の本質を突きつめる。これまでに積み重ねてきた臨床事例から、固有の課題解決への仮説、検証、成功へと導くことができるのだ。

変化には「変化」で対応する。時間的価値を提供しているのも特徴である。

経営課題として捉え直す

私たちの大事なクライアントにおいて、課題（病気）の再発があってはならない。しかしながら、再発しやすい病気があることも事実であり、それが企業に寿命がある所以である。だからこそＴＣＧでは、単なる臨床経験の積み重ねでなく、いかなる課題も「経営者視点」と「全体視点」から捉え直し、見つけ出した本質的な課題にメスを入れる。逆にいえば、根治するためには経営視点、全体視点なくしてあり得ないのである。

そして、根治する治療をすることにより、次の成長ステージへと誘い、サステナブルな経営へと導くコンサルティング価値を提供する。それがチームコンサルティングバリューなのである。

戦略から実装まで

チームコンサルティングバリューのもう一つの特徴は、戦略構築から実装までシームレスにコンサルティング価値を提供していることである。クライアントのパーパス（貢献価値）の設定、現在の経営資源や業績状況などを客観的・本質的に認識したうえで、戦略を構築し、組織への落とし込み、モチベーションへとつなげ、実装し、クライアントの業績を確実に、効率的に向上させていく。

戦略だけでも会社は変わらない、組織のモチベーションを上げるだけでも変わらない、とりあえずやってみるだけで成果が上がるほど甘くはないのだ。

このような、クライアントとともに歩んできたからこそ導かれた答えが「チームコンサルティングバリュー」の考え方である。

プロフェッショナル人材を育てることが社会貢献に

「企業を愛し、企業とともに歩み、企業繁栄に奉仕する」ことを理念に掲げる私たちは、企業を救うことで社会に貢献することを志としている。

この志を果たす近道は、価値あるビジネスドクターであるコンサルタントをより多く輩出することであると考えている。

また、定説として「コンサルティングの成否は、コンサルタントによって決まる」といわれる。それだけ世間では、コンサルタントの力量によって成果の差が生まれているのだろう。

私たちは、これをまったく否定することはしない。しかし放置もしてはいけないと強く思っている。そのため、私たちは多くのプロフェッショナル人材を輩出することに、あらゆるアプローチを行っている。

ＴＣＧは、経験科学であるコンサルティングメソッドをそれぞれのコンサルタントへ移植し、実践での直線的な学びを経ることで、優秀なコンサルタント、優秀なチームへと早く確実に育てている。

「チームコンサルティングバリュー」にゴールはない

社会と人、そして経済と企業は常に変化する。変化に終わりがない以上、その変化に挑むためにも、チームコンサルティングバリューの開発・改良に終わりはない。

これからも、新たに生まれる企業課題（疾病）へ真摯に対応し、臨床事例を積み重ね、新しいチームコンサルティングバリューとして世に送り出すことが、私たちに課せられた責務とすら考えている。また、既存のバリューも、常に変化と改良を積み重ね、より現代の課題に的確な答えが生み出せるようにしなければならない。

幸いにして私たちのカルチャーは、「開発好き」「挑戦好き」であると自負している。ゴールのない変化する道をただひたすらに前へと歩むカルチャーのなかで、企業を救うために、元気にするために、チームコンサルティングバリューを世に送り出し続けたい。

最後に、私たちの経験科学をまとめ、アドバイスをいただいたダイヤモンド社の花岡則夫編集長、小出康成氏、編集にご協力いただいたクロスロード・安藤柾樹氏に感謝を申し上げたい。

そして、ここまで読み進めていただいた読者の皆様には、感謝の念に堪えない。本書がわずかでも企業経営者のお役に立ち、私たちの社会がより良くなれば本望である。

二〇二三年五月

[編著]

タナベコンサルティンググループ

代表取締役社長 若松孝彦（わかまつ・たかひこ）

タナベコンサルティンググループ（TCG）のトップとして使命を追求しながら、経営コンサルタントとして大企業から中堅企業まで約1000社の実績を持つ。社長就任後の2016 年9月に東証一部（現・プライム）上場を実現する。1989年入社。2009年より専務、副社長を経て現職。関西学院大学大学院（経営学修士）修了。『100年経営』『甦る経営』『戦略をつくる力』（共にダイヤモンド社）など著書多数。

戦略総合研究所

タナベコンサルティンググループにおける「チームコンサルティング」のナレッジ集約、メソッド開発、調査・マーケティング、およびテクノロジーを活用したDXサービスの研究開発等を行う。国内の大企業、中堅企業を中心に、各種レビュー・コンテンツをメディア発信している。

タナベコンサルティンググループ（TCG）

「日本の経営コンサルティングのパイオニア」と呼ばれる経営コンサルティングファーム。全国に約600名のプロフェッショナル人材を擁し、大企業・中堅企業の戦略策定からマネジメント実装まで一気通貫で支援する経営コンサルティングのバリューチェーンを構築。グループで支援した企業は約1万5000社。「ストラテジー」「DX」「HR」「M&Aファイナンス」「ブランディング」等でチームコンサルティングを提供している。

チームコンサルティングバリュー
クライアントを成功へ導く18のブランド

2023年5月16日　第1刷発行

編　著――若松孝彦＋タナベコンサルティンググループ戦略総合研究所
発行所――ダイヤモンド社
〒150-8409　東京都渋谷区神宮前6-12-17
https://www.diamond.co.jp/
電話／03･5778･7235（編集）　03･5778･7240（販売）
装丁――――斉藤よしのぶ
編集協力――安藤柾樹（クロスロード）
製作進行――ダイヤモンド・グラフィック社
DTP――――伏田光宏（F's factory）
印刷――――八光印刷（本文）・新藤慶昌堂（カバー）
製本――――ブックアート
編集担当――花岡則夫

ISBN 978-4-478-11441-4